VENÇA A SÍNDROME DO DEGRAU QUEBRADO

Caro(a) leitor(a),

Queremos saber sua opinião sobre nossos livros. Após a leitura, siga-nos no linkedin.com/company/editora-gente, no TikTok @EditoraGente e no Instagram @editoragente e visite-nos no site www.editoragente.com.br.
Cadastre-se e contribua com sugestões, críticas ou elogios.

Monique Stony

VENÇA A SÍNDROME DO DEGRAU QUEBRADO

Como conciliar carreira, maternidade e revolucionar o mundo

Diretora
Rosely Boschini

Gerente Editorial Pleno
Franciane Batagin Ribeiro

Assistente Editorial
Larissa Robbi Ribeiro

Produção Gráfica
Fábio Esteves

Preparação
Alanne Maria

Capa
Renata Zucchini

Projeto Gráfico
Vanessa Lima

Diagramação
Gisele Baptista de Oliveira

Ilustração de miolo
Amanara

Revisão
Laura Folgueira
Wélida Muniz

Impressão
Bartira Gráfica

Copyright © 2023 by Monique Stony
Todos os direitos desta edição
são reservados à Editora Gente.
Rua Natingui, 379 – Vila Madalena
São Paulo, SP – CEP 05443-000
Telefone: (11) 3670-2500
Site: www.editoragente.com.br
E-mail: gente@editoragente.com.br

Dados Internacionais de Catalogação na Publicação (CIP)
Angélica Ilacqua CRB-8/7057

Stony, Monique
    Vença a síndrome do degrau quebrado : como conciliar
carreira, maternidade e revolucionar o mundo / Monique
Stony. - São Paulo : Gente Autoridade, 2023.
    224 p.

ISBN 978-65-88523-66-7

1. Desenvolvimento profissional 2. Mulheres 3. Líderes 4.
Maternidade I. Título

23-1762 CDD 158.1

Índices para catálogo sistemático:
1. Desenvolvimento profissional

Dedico este livro à minha filha Mallu, para que ela não precise escolher entre ser uma mãe presente e afetuosa ou uma profissional bem-sucedida. Para que ela acredite que pode ter estes e outros mais papéis, se assim desejar.

Agradecimentos

Neste livro, eu falo do poder das alianças. Sem elas, não seria possível concretizar o sonho de escrever esta obra.

Agradeço a **Deus** pela oportunidade de viver neste tempo e por uma missão de vida tão linda, nobre e digna que me enche de orgulho. Eu tenho certeza de que estas páginas foram escritas sob a Sua vontade e de que são instrumento da Sua luz. Agradeço também aos meus **mentores espirituais**, que me acompanharam e me guiaram para trazer este conhecimento ao mundo, apesar dos desafios no caminho.

Agradeço aos meus pais, **Carlos** e **Marli**, pela minha vida. Vocês me deram valores, educação, amor e muito incentivo. Se hoje realizo sonhos, pessoais ou profissionais, é porque vocês construíram minha base forte e me fizeram acreditar, desde criança, que eu poderia conquistar tudo o que sonhasse.

Pai, obrigada por me ensinar o valor do trabalho e da justiça, sempre. Mãe, obrigada por ter me gestado, amamentado, dedicado sua vida a cuidar da nossa família. Obrigada por ter se desdobrado para que todos nós tivéssemos a melhor educação possível. Toda a minha gratidão a você. Vocês dois sempre foram os meus maiores incentivadores e lutaram para proporcionar o que, muitas vezes, nem vocês receberam. Eu amo e honro muito vocês, meus pais.

Agradeço às minhas irmãs, **Malibu** e **Marcelle**, e ao **Edson**, meu irmão, pela parceria. Cresci e aprendi com vocês e suas experiências de vida e posso dizer que sou muito sortuda em tê-los como companheiros de jornada, pessoas gentis, positivas e solidárias. Tenho tanto orgulho da nossa relação de entrega, apoio incondicional, amor, respeito e amizade. Obrigada por tudo, meus irmãos. Amo vocês.

Agradeço ao meu marido **Felipe**, que mais que um marido é um parceiro de vida. Você sempre respeitou e fez dos meus sonhos os seus sonhos. Você foi uma das melhores surpresas da minha vida e chegou nela para somar, porque você é abundante em amor, generosidade, companheirismo. Você está sempre aqui por mim, nos dias felizes e nos momentos difíceis. Você me trouxe o meu melhor presente, nossa Mallu. Se hoje sou uma mãe na liderança, devo muito a você por exercer em plenitude seu papel de parceiro e pai. Amo você, a nossa família e a nossa história.

Agradeço à minha filha **Mallu**, por ter me escolhido como mãe, por me mostrar um amor tão poderoso que é capaz de revolucionar. Eu aprendo todos os dias com você, minha filha, a ser uma pessoa melhor, a valorizar o que realmente importa no mundo, a expandir meus limites físicos, intelectuais e emocionais, a viver com mais cor. Você é a bússola que Deus me deu de presente para orientar os caminhos a seguir. Você deu clareza ao meu propósito de vida. Este livro só existe porque você me deu a oportunidade de me tornar uma mãe na liderança. Amo você para todo o sempre, Mallu.

Agradeço à minha família estendida por fazer a diferença na minha trajetória. À minha tia e madrinha **Sandra** (*in memoriam*), por ter sido minha segunda mãe em vida, sempre tão presente e acolhedora. Ao meu tio e padrinho **Gomes**, por confiar no meu potencial e por ter me ensinado a amar o mar e a apreciar o lado leve da vida. Aos meus sogros, **Teresa** e **Eduardo**, que também são como pais para mim, sempre presentes e dispostos a apoiar minha família no que for necessário. Agradeço às minhas cunhadas, **Juliana** e **Bruna**, que são irmãs que a vida me deu e grandes incentivadoras da minha missão. Agradeço também aos meus cunhados, **Glauber** e **Eric**, e aos meus concunhados, **David** e **Rafael**, por todo o carinho com a minha família. Agradeço às minhas primas **Marcia**, **Karol**, **Fernanda** e **Hérica** pela parceria da vida e aos meus sobrinhos, **Felipe**, **Millena**, **Miguel**, **Enzo**, **Maila**, **Nicole**, **Pedro**, **Dominicky**, **Maria Clara**, **Thor**, **Erik**, **Logan** e **Mel** por encherem nossa família de alegria e amor.

Agradeço aos **meus ancestrais** e a todas as gerações anteriores à minha. Respeito e honro suas histórias, seus desafios e suas lutas.

Reverencio suas memórias e agradeço pelo suporte da força de vocês que me trouxe até aqui. Um agradecimento especial às minhas avós (*in memoriam*). À minha avó **Jandyra**, uma mulher forte, resiliente, corajosa. E à minha avó **Jupira**, que, com seu amor e afeto, me marcou tanto, mesmo no curto espaço de tempo que convivemos nesta vida, e que me ensinou a acreditar no meu potencial e na minha intuição. Eu sinto o seu apoio e honro suas trajetórias.

Agradeço aos meus amigos **Frederico Hanna**, **Bruno Eichler**, **Benedito Trindade**, **Carol Braga**, **Sthefani Nogueira**, **Daniel Preto** e todos os outros que me incentivaram a concretizar esta obra e se fizeram presentes, apesar de qualquer distância física. Obrigada por acreditarem em mim e por me impulsionarem a realizar meus sonhos.

Agradeço aos profissionais que compõem minha **rede de apoio pessoal** por cuidarem do meu bem-estar e da minha saúde física, mental, emocional e espiritual. Agradeço à minha psicóloga **Ana Carolina**, nutricionista **Patricia Davidson**, médica **Ana Fialho**, médica **Luciana Deister**, naturóloga **Rochelle Virmond**, fisioterapeuta **Andrea Fonseca**, professora de ioga **Renata Mozzini**, consultora de oratória **Gloria Portella**, terapeuta **Monique Lago**, terapeuta **Ton Lucas**, astrólogo **Thiago Cordeiro** e numeróloga **Vanessa Huerta**. Vocês, por meio de seus talentos, me ajudaram a chegar na minha melhor versão para viver o meu propósito de vida.

Agradeço a todas as pessoas que compõem a minha **rede de apoio profissional**, por me ajudarem a trilhar meus caminhos de carreira antes e depois da maternidade. Agradeço à minha mentora **Catia Porto**, pela inspiração constante e por me desafiar a crescer todos os dias. Às mães na liderança que inspiraram este livro: **Rosely Boschini**, **Rachel Maia**, **Cristina Junqueira** e **Luiza Helena Trajano**, pelas histórias lindas de vida e de superação de desafios na conciliação de carreira e maternidade. Agradeço também às mães na liderança com quem pude conviver diariamente nas organizações e cujas histórias me inspiraram na conciliação dos papéis: **Brenda Wilbert**, **Renata Gusmon**, **Diana Johnson**, **Eloise Brillo**, **Elaine Brito**, **Marina Castro**, **Amanda Mello**, **Juliana Torres**, **Marcia Val**, **Sylvia Mello**, **Fernanda Shugastru**, **Fabiola Silva**, **Julia Ivantes**, **Juliana Bonamin**, **Cinthia Lira**, **Caroline Miyaki** e muitas outras que poderia mencionar aqui.

Agradeço aos meus líderes, mentores, coaches, colegas de trabalho e times, com quem aprendi, me desenvolvi e cresci profissionalmente ao longo dos últimos vinte anos. Agradeço à **Angela Estellita**, por ser minha referência de mãe na liderança desde os tempos de faculdade; à **Mel Bracarense**, por me ajudar a me reconectar com meu propósito de ajudar mulheres por meio da psicologia; à **Natalia Cervenka**, pela assessoria para dar o pontapé na organização do perfil @maesnalideranca nas redes sociais; e à **Amélie Falconi**, por ser minha dupla de imersão na carreira literária.

Agradeço à **Rosely Boschini**, à **Franciane Batagin** e ao **time da Editora Gente**, que abraçaram o meu propósito, acreditaram no potencial de transformação da minha mensagem e me ajudaram a dar forma a este livro.

Agradeço à minha mentora da maternidade com apego, **Julieta Franco**, por segurar a minha mão ao longo de toda essa jornada. Conheci o trabalho da Ju quando me tornei mãe, por meio das redes sociais e do seu livro. Foi um caminho sem volta. O apego me ajudou a confiar no meu maternar. De lá para cá, participei de seus cursos, até que tive o prazer de contar com ela para mentorar meu livro. Nossa conexão é muito especial, vai dos nossos valores ao nosso propósito. Ju, obrigada por segurar a minha mão em todos os momentos deste projeto tão significativo, por me desafiar constantemente, por me ajudar a extrair o melhor da minha experiência e por acreditar plenamente no valor do meu trabalho. A caminhada solitária da escrita foi facilitada com o seu apoio, e sou muito grata a você por isso.

Agradeço a minha **rede de apoio materno** pelos cuidados com a Mallu. Agradeço à pediatra **Mariana Mader**, sempre disponível e atenciosa para nos apoiar no desenvolvimento e saúde da Mallu. Agradeço à **Carol Jourdan** e à **Dida Schneider**, pelo acolhimento no grupo de mães na Roda dos Brotinhos, que me ajudou a superar as dificuldades do puerpério durante a pandemia de covid-19. Agradeço à **Olga Carpi**, pelos ensinamentos para que eu pudesse continuar amamentando com segurança após o retorno ao trabalho. Agradeço à minha amada sobrinha **Millena Stony**, que considero como a minha "filha mais velha", primeira pessoa que me ajudou nos cuidados da Mallu quando voltei a trabalhar após o fim da minha licença-maternidade. Mi, seu apoio foi fundamental para a minha tranquilidade no retorno de licença. Amamos muito você! Agradeço à **Edinalva Sousa**, carinhosamente conhecida como Natália, que é mais que babá da minha filha, é meu braço direito, parceira fundamental para viabilizar a concretização dos meus sonhos pessoais e profissionais. Por vários momentos, foi ela quem cuidou da Mallu para que eu pudesse escrever este livro. Toda a minha gratidão a você.

Agradeço às **minhas mentoradas de carreira e liderança**, pela confiança no meu trabalho, na minha experiência e no método ALTA. Obrigada pela oportunidade que me dão de viver meu propósito ao agregar valor à vida e à carreira de vocês. Mesmo que não se deem conta, todos os dias eu aprendo com vocês também.

Agradeço a **mim mesma**, por não ter desistido dos meus sonhos, por ter enfrentado as pedras no caminho e meus sabotadores internos, por ter superado os desafios, extraído deles aprendizados para compartilhar com outras mulheres e por ter construído alianças ao longo da jornada. Eu honro cada passo da minha história, da minha trajetória, dos meus talentos, dos erros e acertos que me trouxeram até aqui. Sou muito grata por tudo que vivi e construí.

Por fim, agradeço a você, leitora, que direcionou seu ativo mais precioso – seu tempo – para a leitura deste livro. Obrigada pela confiança e por me permitir gerar reflexões aí dentro de você. Eu espero, de verdade, que você coloque em prática o que aprender nesta obra e crie a partir de agora a vida que merece viver. Conto com você para continuar espalhando a mensagem a outras pessoas. Dê este livro de presente a pelo menos outras três mulheres para que elas entendam que não precisam ter que escolher entre carreira ou maternidade. Juntas, nós podemos mudar as estatísticas. Esse é o nosso legado! Se este conteúdo puder transformar a vida de uma única mulher, minha missão estará cumprida. Portanto, a você, leitora, a minha eterna gratidão.

Sumário

14	*Apresentação*	
18	*Prefácio*	
22	*Introdução*	
30	*Capítulo 1*	Onde estão as mulheres do conselho?
44	*Capítulo 2*	Mãe ou profissional: por que não posso ser os dois?
60	*Capítulo 3*	O problema é estrutural
76	*Capítulo 4*	Mães na liderança transformam o mundo
92	*Capítulo 5*	O método ALTA
102	*Capítulo 6*	Autoconhecimento
122	*Capítulo 7*	Liderança
142	*Capítulo 8*	Talento
160	*Capítulo 9*	Alianças
188	*Capítulo 10*	Método ALTA na prática
200	*Capítulo 11*	O mundo precisa de mães na liderança
208	*Capítulo 12*	Agora feche os olhos
214	*Notas*	

Apresentação

Este livro traz uma revelação que levará você a uma grande revolução.

Nem sempre mulheres sabem de seu potencial, de sua capacidade de realizar, multiplicar, reinventar, transformar e quebrar paradigmas. Muitas vivem obedecendo a padrões externos que cegam ordens internas sobre onde podem chegar. Este livro vem desmistificar, renovar limites, desobedecer e ajudar você a fazer o seu melhor. E, se necessário, recomeçar.

Ele é um colete salva-vidas em uma sociedade que desprestigia mulheres, nos oprime, não nos apoia e desacredita o nosso potencial. Nestas páginas, o patriarcado dificilmente terá espaço. Muitas não sabem, mas somos a centelha divina. Para algumas, adormecida. Reacender a chama é como reativar um vulcão adormecido prestes a entrar em erupção.

De modo direto, real e com muitas ferramentas de psicologia, estratégia pessoal e profissional aprendidos pela própria autora, este livro provará que é possível ser uma *mãe na liderança*.

A liderança é inata para *todas* as mulheres. Acredite! Bastam as viradas de chaves certas. A primeira delas é entender que os tempos modernos têm levado mulheres a um falso paradoxo: ter filhos significa abdicar do lado profissional. No entanto, aqui você vai descobrir que essa é uma falsa dicotomia. Não precisamos nos partir ao meio. Não precisamos ser metade. Podemos ser *inteiras*.

Nossos filhos não são o entrave. Muito pelo contrário, são a alavanca. Um filho nos impulsiona a ser protagonista da nossa própria vida. A maternidade pode até nos dar a sensação de estarmos sendo empurradas em um abismo, mas nossos filhos são nosso melhor e

16   mais potente paraquedas. Podemos ser profissionais exemplares e mães inesquecíveis. Mantenha isso em mente.

Mães na liderança podem transformar o mundo. Requer estratégia, plano de ação, fortalecimento. E este livro traz isso de bandeja. Uma mente brilhante, uma mulher que ensina com sua vida prática e visão incansáveis que sonhos sempre podem ser realizados. Que realizar sonhos é verbo, ação, movimento, trabalho duro e "imparável". Tive o privilégio de acompanhar todo este projeto de perto. Monique está aqui para isto: pegar na sua mão e ajudar você nessa travessia. O que funcionou para ela e muitas mentoradas ela ensina de coração aberto.

Este livro é solidariedade pura. Existe alguém esperando sua transformação. Não é mais só você. Vire a próxima página e escreva a sua própria história. Faça a sua *revolução*. Nós te esperamos no final.

Com carinho,

Julieta Franco

Não precisamos nos partir ao meio. Não precisamos ser metade. Podemos ser inteiras.

@maesnalideranca

Prefácio

Equilibrar maternidade e carreira com certeza é uma tarefa desafiadora. Eu mesma, ao ter três filhos, em diversos momentos me peguei questionando quão difícil era para mim e para todas as mulheres que eu conheço manter a vida profissional e pessoal equilibradas.

Carregamos o peso da gestão de resultados em quase todas as esferas: em casa, precisamos ser ótimas esposas e mães ao gerir tudo que envolve a organização e bem-estar da família; na vida profissional, precisamos demonstrar o dobro de resultados para que nossa promoção seja considerada — e, de quebra, ainda corremos o risco de ganharmos um salário mais baixo apenas por nosso gênero e/ou cor.

A cobrança é gigante, o cenário é caótico e as pedras estão no caminho. Segundo o que a Monique vai definir e aprofundar com você, são pedras históricas, culturais, socioeconômicas, do mercado de trabalho e de autossabotagem. Isso porque, como se já não bastassem todos os obstáculos que precisamos transpor, ainda existe a nossa mente que, em muitos momentos, não trabalha a nosso favor por conta de tudo que ouvimos e aprendemos ao longo da vida.

Talvez até possa ser uma surpresa, ou talvez você tenha passado por isso, mas essas pedras explicam, em algum nível, o fato de muitas mulheres terem desistido da carreira que sempre sonharam após a maternidade. Para mim não é surpresa. Eu vivi esse desafio e passei por adversidades gigantescas para chegar até aqui.

Trabalhar com livros nem sempre foi o meu sonho. Comecei com arquitetura, mas recebi um convite irrecusável e assim iniciei minha trajetória na Editora Gente. Apesar desse pequeno desvio de formação, foi nos livros que encontrei a minha verdadeira missão: transformar o Brasil por meio da educação. Essa educação não passa somente pelos livros, passa pela transformação contínua e perene do ser humano para que ele possa alcançar sempre novos níveis em sua jornada. Eu acredito, com minha alma e o meu coração, que podemos todos ser melhores. E os livros são a ferramenta mais poderosa para fazer com que isso aconteça.

Durante todos esses anos, percebi que, muito além dos livros, a minha missão também estava de mãos dadas com as mulheres. Sofremos no passado, no presente e vamos sofrer – infelizmente – no futuro com a desigualdade de gênero. Sofremos abusos, ganhamos salários desiguais, temos menos espaço de fala na política e na sociedade em geral.

Quando me dei conta disso, olhando para minha trajetória, para a minha vida profissional e para todas as dificuldades que enfrentei por ser mãe de três filhos e ter um cargo de liderança, percebi que não poderia ignorar o fato de que precisamos falar com as mulheres e tocar os seus corações. Senti que precisava promover a transformação como mulher, mãe e líder. Esse tema é urgente, é imprescindível e é algo que faz parte dos meus objetivos de curto, médio e longo prazo.

Justamente por isso, ter a Monique Stony como uma de minhas autoras tem sido um presente inestimável e uma parte de minha missão se cumprindo. Monique fala com todas nós. Fala de coração aberto sobre uma dor que sentimos há tantos anos: como conciliar a maternidade e a liderança profissional com maestria e de maneira leve e empática.

Aqui você entenderá, como eu entendi a duras penas, que você não precisa deixar a sua família de lado. Você pode, sim, ter ambição e perseguir uma carreira de sucesso enquanto é uma mãe atenciosa e carinhosa. Mas como fazer isso? A partir do autoconhecimento, do talento, da liderança e das alianças. O método ALTA, que você encontrará em detalhes nas páginas a seguir, mostra com muita empatia como é possível retomar a sua jornada profissional, caso você a tenha deixado de lado. Na realidade, o espaço aqui é para todas nós que de alguma maneira ou em algum nível estamos preocupadas com o futuro de nossas filhas, netas e bisnetas. Esta obra é urgente!

Aqui você encontrará relatos emocionantes de mulheres fortes e corajosas que estão fazendo a diferença em suas comunidades, empresas e na própria família. Se você pensa que elas não enfrentaram dificuldades, você está enganada. Todas nós enfrentamos momentos difíceis, tivemos vontade de desistir e acabamos precisando encontrar resiliência para superar e seguir adiante.

Enquanto lia o livro e me emocionava com tudo que Monique conseguiu trazer com muito carinho, me deparei com a minha história. Foi uma surpresa e um momento de muito orgulho! Lutei a minha vida inteira para ser uma líder inspiradora e uma mãe afetiva que cuida da família enquanto é feliz e se sente realizada, e ver a minha trajetória aqui me fez perceber que cumpri a minha missão.

Mas não se engane, pois isso não significa que foi fácil ou que não precisei fazer escolhas difíceis em diversos momentos, mas o que posso afirmar é que é possível, sim. O degrau pode ser reconstruído. O teto de vidro, que parece existir entre a maternidade e uma vida profissional de sucesso, pode ser fortalecido. As amarras que nos prendem podem ser soltas. Você pode ser muito mais.

Hoje agradeço a cada minuto por nunca ter desistido. E mais: agradeço por ter entendido que não precisamos passar por isso sozinhas. Podemos dar as mãos umas às outras e criarmos uma aliança que perdurará para sempre para que possamos construir um mundo mais justo para nós mesmas.

Ao ler este livro, meu convite é para que você reflita e aja não só em prol da sua história, mas para que você indique e repasse essa mensagem tão poderosa: juntas somos muito mais fortes. Juntas podemos ir além, podemos construir um mundo melhor. E esta obra é a representação de todos esses sonhos interligados.

Este livro é um lembrete poderoso, mas não desses que acabamos colando em geladeiras e deixando de lado para olhar depois e não esquecer. Aqui o lembrete é de que você, além de ser uma mãe atenciosa e cuidar da sua família, não precisa deixar de lado a sua carreira e pode realizar os seus sonhos. Você pode liderar com paixão e coragem para alcançar o sucesso.

Se um livro pode transformar a sua vida, imagina o que não podemos fazer juntas? Espero que você aproveite essa jornada e tenha tanto orgulho quanto eu tive ao fazer parte de tudo isso. Boa leitura!

Rosely Boschini

Introdução

Você já parou para pensar sobre o que significa nascer mulher e se tornar mãe? Ou, ainda, sobre o que significa conciliar maternidade com uma carreira na nossa sociedade? Ainda não nos conhecemos, mas eu arriscaria dizer que essas são questões que, de uma maneira ou de outra, passam ou já passaram pela sua cabeça. E isso não é ao acaso. Essas perguntas me acompanham desde muito jovem, e o nível de complexidade e intensidade delas foram amadurecendo dentro de mim ao decorrer de três acontecimentos muito marcantes na minha vida.

O primeiro momento foi quando me dei conta de que entre ser mulher e viver a maternidade existiam alguns dilemas importantes. Eu estava com 12 anos quando minha irmã mais velha, ainda na faculdade, teve dois filhos. Pude acompanhar de perto sua batalha diária para concluir a graduação e se firmar profissionalmente com duas crianças pequenas, muitos afazeres, contas a pagar e uma rede de apoio escassa. Compreendi, por meio da experiência da minha irmã, que ser mulher, mãe e profissional requer um preço alto. Ali, para mim, a maternidade ganhou um significado de fardo e sacrifício à carreira da mulher.

O segundo momento foi quando esses questionamentos se tornaram, de modo natural, parte da minha trajetória profissional. Sou formada em psicologia, mestre em administração e estratégia e atuo há quase vinte anos na área de recursos humanos, com ênfase em projetos de transformação, gestão de pessoas e cultura de empresas multinacionais. Nos últimos sete anos, venho ajudando mulheres a fortalecerem suas carreiras por meio de programas de mentoria de carreira e de promoção de diversidade. Em 2016, assumi o desafio de liderar as estratégias de aquisição de talentos e diversidade da empresa em que trabalhava. A alta liderança entendia que diversidade era prioridade para o negócio, e tínhamos a meta de aumentar o número de mulheres em posição de gerência. Eu estava muito animada para encontrar soluções e ferramentas para alcançar esse objetivo. E foi aí que mergulhei nos estudos e pesquisas sociais, econômicas e políticas que envolvem e impactam as questões de gênero no Brasil e no mundo. Ter acesso à informação escancara um problema estrutural: existe uma espécie de degrau quebrado no caminho de ascensão profissional da mulher que dificulta sua progressão de carreira. E, uma vez que você entende o que acontece com as mulheres, não há como não se incomodar. É um caminho sem volta.

O terceiro momento significou uma verdadeira ruptura para mim. Em março de 2020, dei à luz minha filha Mallu. A maternidade não veio ao acaso ou como consequência do casamento para mim. Ela foi uma decisão muito bem pensada. Se antes de me tornar mãe eu já tinha uma visão crítica sobre o tema, atuando como aliada nas causas de promoção da diversidade e inclusão de mulheres, após o nascimento de Mallu, tive clareza do meu propósito: promover transformação com um modelo de maternidade participativa se tornou o meu dever, afinal, esse não é o mundo que eu quero para a minha filha.

Durante muito tempo da vida, coloquei minha carreira em primeiro plano. Ser mãe nunca foi uma prioridade para mim. Desde que eu e meu marido nos casamos, ele sempre quis ter filhos, mas trabalhar, curtir a vida e viajar sempre foi meu foco. Queria me destacar profissionalmente, alcançar meus sonhos e conquistar conforto financeiro antes de ter filhos. Racionalmente, eu estipulava metas tanto pessoais quanto profissionais que deveria atingir antes da maternidade. Mas emocionalmente, lá no fundo, eu sabia que elas serviam como desculpas para eu e meu marido definirmos o tempo ideal para começarmos a tentar engravidar. Ele nunca fez pressão direta em relação a isso, mas também nunca escondeu que seu maior sonho era ser pai.

Primeiro, eu dizia que tínhamos que conquistar estabilidade financeira e comprar um apartamento. Queria concluir o mestrado, me tornar gerente e conhecer alguns países antes de engravidar. Em menos de três anos de casados, batemos todas as metas. E, quando batemos a meta, o que acontece? Dobramos a meta!

Meu marido é consultor de negócios e viajava muito a trabalho. Logo depois que nos casamos, ele foi alocado em um projeto em São Paulo. Recém-casados, ele passava de segunda a sexta-feira fora de casa. *E ainda queria ter filhos? Para quem criar? Eu sozinha? Estou fora!* Esse era o meu pensamento constante. Conversava abertamente com ele sobre isso, e ele dizia que, quando fosse pai, evitaria projetos fora da cidade. Eu sabia que não era simples assim, afinal, as decisões sobre o trabalho não dependiam exclusivamente dele.

Nesse intervalo, concluí o mestrado, mudei de empresa, subi mais uns níveis na carreira e conheci mais lugares do mundo. Mas ainda não era o suficiente para mim. Eu queria mais. Foram oito anos aturando muita pressão social pela maternidade, me esquivando de cobranças. Até que o tempo passou e com trabalho duro e muita disciplina, conquistei muitas das minhas metas profissionais. Nesse meio-tempo, foi o relógio biológico que começou a pressionar. Ele estabeleceu uma contagem regressiva para que decidisse engravidar ou não. Não demorou muito até que eu confrontasse os meus medos e os transformasse em soluções para viver a maternidade com propósito e afeto, sem abrir mão de uma carreira bem-sucedida.

Para a minha surpresa, depois dos desafios iniciais, a maternidade veio agregar na minha vida. Eu me conectei de forma íntima com minha natureza, minhas fortalezas, meus valores pessoais e meu propósito de vida. Eu confrontei as minhas dificuldades e destaquei minhas habilidades pessoais e de liderança. Foi depois da maternidade que cheguei à minha melhor versão e consegui atingir meus sonhos de carreira, como a posição executiva internacional.

Hoje entendo que a minha história é exceção à regra, mas não deveria ser assim. Não consigo aceitar que, embora as mulheres sejam a maioria entre graduados nas universidades do Brasil[1], elas ainda são minoria nos cargos de gestão[2]. Ou que, quando ocupam os mesmos cargos que seus pares homens, recebem salários menores para desempenharem as mesmas funções[3]. Embora a sociedade tenha avançado nos direitos das mulheres, me dói saber que elas gastam o dobro do tempo em trabalho, em atividades de cuidados e afazeres domésticos[4]. Me sangra constatar que, quando se tornam mães, metade delas interrompem os sonhos profissionais.[5]

Sabemos, infelizmente, que ainda temos muito a fazer enquanto sociedade para diminuir as desigualdades de gênero nos campos econômico, político e social. E é justamente por estarmos longe que precisamos agir ativamente em prol da conscientização da conciliação entre maternidade e carreira, dando às mulheres ferramentas para que elas possam navegar da melhor maneira possível em um cenário nada favorável a elas. Este é o meu maior propósito de vida: ajudar mulheres a transformar o mundo ao conciliar carreira com um modelo de maternidade participativa e com forte vínculo afetivo.

Ao longo da minha experiência, observei padrões e traços de liderança nas mulheres que as tornam mais propícias à conciliação da carreira e maternidade. Por outro lado, identifiquei armadilhas que as atrapalham a persistir na realização de seus sonhos e, por isso, consolidei um método, o qual chamei de ALTA, com etapas simples, para ajudar mulheres a obterem sucesso e realização como mães e profissionais.

Neste livro, compartilho tudo que organizei e penso sobre o assunto, minha "fórmula para o sucesso". Trata-se de um passo a passo simples e direto rumo a uma liderança irrestrita. Apresento fatos, pesquisas e números para evidenciar e fundamentar o tamanho do desafio que enfrentamos quando decidimos conciliar carreira e maternidade. Mergulho também nas causas históricas, sociais e econômicas que deram fruto às iniquidades que vivemos hoje. Analiso, à luz da psicologia, como tais acontecimentos contribuíram para a formação de crenças que limitam a ambição, a autoconfiança e o potencial de realização pessoal e profissional das mulheres.

Ao compartilhar casos de mulheres que conseguiram conciliar carreira e maternidade em diferentes segmentos do mercado de trabalho e, ao fazê-lo de maneira conectada aos seus valores e talentos, revolucionaram suas áreas de atuação, analiso o que elas têm em comum. E mostro como tais similaridades representam soluções que permitem a superação dos desafios e a conciliação da carreira e da maternidade. Trago respostas a partir de um caminho já percorrido e testado para inspirar e motivar você. Após aprofundar cada um dos passos do método ALTA, ofereço a você um capítulo inteiro com ferramentas e exercícios para colocar em prática imediatamente.

Mesmo que nossas batalhas pareçam individuais, elas não são. Todas nós estamos juntas nas trincheiras, ainda que muitas ainda não tenham se dado conta disso. Ao percorrer essa trajetória comigo, tenho certeza de que você verá o mundo com outros olhos e estará pronta para enfrentar a jornada necessária para se tornar uma mãe na liderança. Eu precisei de quase duas décadas de vivências, desafios, questionamentos, frustrações, pesquisas, análises, dores e inúmeras trocas com outras mulheres para chegar às conclusões e estratégias que compartilho aqui, mas aconteceu comigo. E este é o meu papel: encurtar e facilitar o caminho para você. Essa é a minha contribuição para o mundo.

Não é uma tarefa simples, mas é possível. Minha experiência profissional apoiando outras mulheres, dentro e fora de organizações nacionais e internacionais, somada à minha vivência e à luta por uma maternidade com apego me posicionou como agente de transformação no campo de batalha junto a outras mulheres que compartilham do mesmo desafio.

Este livro será um guia justamente para isto: libertar a mulher da escolha cruel entre ser uma mãe presente ou uma profissional de sucesso. Se você já é líder e quer saber como conciliar a maternidade, este livro é para você. Se já é mãe e sente que sua carreira foi deixada de lado após a maternidade, este livro também é para você. Se está construindo sua carreira e ainda tem dúvida sobre ser mãe, aqui também existe espaço para você. A quebra de paradigma acontecerá quando você entender que não precisa escolher. É possível desempenhar esses papéis – e outros mais – e vou lhe mostrar como.

"O ensejo a fez tão prendada
Ela foi educada pra cuidar e servir
De costume, esquecia-se dela
Sempre a última a sair
Disfarça e segue em frente todo dia até cansar
E eis que de repente ela resolve então mudar
Vira a mesa, assume o jogo, faz questão de se cuidar
Nem serva, nem objeto, já não quer ser o outro
Hoje ela é um também"[6]
"Desconstruindo Amélia", Pitty (2009)

Este livro será um guia justamente para isto: libertar a mulher da escolha cruel entre ser uma mãe presente ou uma profissional de sucesso.

@maesnalideranca

Capítulo 1

Onde estão as mulheres do conselho?

As pedras do caminho

"No meio do caminho tinha uma pedra
tinha uma pedra no meio do caminho
tinha uma pedra
no meio do caminho tinha uma pedra."[7]

Quando eu ainda era criança, na década de 1990, no subúrbio do Rio de Janeiro, tínhamos uma brincadeira bastante popular de responder aos cadernos de perguntas das amigas. Você conhece essa brincadeira? Ela era muito divertida e reveladora, pois ajudava a conhecer melhor as características, as preferências e os desejos dos colegas. Cada folha tinha uma pergunta diferente e cada linha da página era numerada e destinada a um respondente, onde tinha de escrever seu nome e sua resposta para a respectiva pergunta. Os cadernos incluíam perguntas pessoais, como data de nascimento, cores e comidas preferidas, mas também perguntas aspiracionais sobre planos de vida futuros. A seleção das questões ficava a critério da dona do caderno, mas, em geral, as perguntas eram bastante similares entre as amigas.

Lembro que as perguntas mais frequentes eram "Você pretende se casar?" e "Quantos filhos você gostaria de ter?". Eu sempre respondia que me casaria e que teria dois filhos. Outra pergunta comum era "O que você vai ser quando crescer?". Nessa, especificamente, eu escolhia profissões como médica, psicóloga e até atriz, dependendo da minha idade. Mas a única resposta constante era que eu queria trabalhar. Outros cadernos incluíam perguntas sobre desejo de morar em outro país. E, sim, eu gostaria de morar nos Estados Unidos. Olhando para trás e fazendo uma análise rápida das minhas respostas, pode-se dizer que eu era uma criança que sonhava em se casar, ser mãe e ter carreira internacional e bem-sucedida; eu queria conciliar maternidade e trabalho. Sob uma perspectiva psicológica, naquele momento eu já me posicionava para romper com o padrão das mulheres na minha família. Eu sonhava com um caminho diferente.

Mesmo que não tivesse certeza nenhuma das minhas conquistas futuras na vida, responder a essas perguntas enquanto criança parecia ser tão fácil. Como era simples sonhar! A inocência permitia imaginar e afirmar um futuro, de maneira direta e fluida. Mas bastou crescer mais um pouco que começaram a brotar as pedras no caminho – que antes parecia tão claro e limpo.

Se fosse apenas uma pedra no meio do nosso caminho, tiraríamos de letra. O problema é que para alcançar sucesso profissional enfrentamos diversos obstáculos na nossa trajetória, e apenas pelo fato de termos nascido mulher. Muitas vezes, as barreiras são invisíveis aos olhos alheios e, de modo mais perigoso ainda, aos nossos próprios olhos. Muitas de nós ainda não reconhecem as inúmeras barreiras que temos de transpor para ultrapassar os desafios da relação carreira-maternidade/maternidade-carreira. E isso precisa acontecer, já que um dos primeiros passos fundamentais do processo de mudança é a consciência do problema. Costumo enxergar três tipos de pedra no nosso caminho: primeiro, as socioeconômicas, históricas e culturais; depois, as do mercado de trabalho; e, por último, as da autossabotagem. Vamos mergulhar em cada uma delas.

Pedras socioeconômicas, históricas e culturais

Por meio da minha experiência em organizações e, principalmente, por minha vasta atuação em Recursos Humanos, eu percebia que, de alguma maneira, as mulheres não tinham o mesmo espaço que os homens nas posições de liderança. Eu olhava para as posições de conselho e via majoritariamente homens brancos, héteros, vestidos com camisa social de cor predominantemente azul e calça preta. Esse era o padrão do líder bem-sucedido.

As poucas vezes que vi alguma mulher em nível de conselho ou diretoria executiva, ela estava à frente de áreas de suporte, como Recursos Humanos, Comunicação, Relações Institucionais e Sustentabilidade. Quando olhava para alguns níveis abaixo, na gerência júnior e plena, via um número maior de mulheres, muitas já com diversos anos no mesmo nível gerencial. Existia uma especie de "teto de vidro" ou de "degrau quebrado" em seu percurso de ascensão profissional que não as deixava crescer na carreira. Era claro que havia um problema ali. Eu só ainda não entendia bem qual era e como resolver.

No ano de 2016, quando assumi o desafio de liderar a agenda de diversidade e inclusão da empresa onde trabalhava como Líder de Talentos e Desenvolvimento Organizacional, comecei a investigar mais a fundo para tentar entender a raiz do problema. Organizei fóruns de discussão e sessões para desenvolver planos de ação no intuito de promover avanços em diversidade. Nessas reuniões, era bastante comum ouvir de homens que o que mais importava era ter "diversidade de pensamento", não necessariamente com mais mulheres em posições de liderança. E foi uma verdadeira jornada até conscientizá-los de que a diversidade de pensamento vem quando incluímos pessoas também diversas, em gênero, etnia, condição social, formação educacional, orientação sexual, pessoas com deficiência, entre outros tipos de diversidade.

Uma mulher da gerência média me marcou bastante nesse processo porque, nas discussões sobre diversidade, ela sempre se posicionava de maneira reativa, pedindo dados, números e estatísticas que comprovassem que existia um problema de diversidade de gênero nas grandes organizações do Brasil e que também mostrassem que as empresas mais avançadas nas práticas de diversidade já estavam colhendo resultados positivos para seus negócios. Os questionamentos dela me intrigavam bastante, porque, para mim, bastava olhar ao redor para confirmar aquela percepção. No entanto, ao me aproximar mais dela, entendi que, no fundo, havia receio de que apoiássemos a promoção e a progressão de carreira das mulheres em função de gênero em vez de mérito. E aquilo me causou um incômodo enorme. Eu queria estudar, levantar dados para que nenhuma outra pessoa, principalmente mulher, tivesse qualquer dúvida da dimensão desse problema e que precisávamos, sim, de ações transformacionais para mudar esse cenário.

Participei de grupos de diversidade em diferentes empresas, li livros e pesquisas, até descobrir o Fórum de Diversidade e Inclusão em São Paulo. Foi um divisor de águas. Lá tive acesso a especialistas e estudiosos do tema, discutindo e debatendo ações com grandes líderes empresariais do mercado brasileiro contra a desigualdade de gênero. Saí daqueles dias de evento com a cabeça fervendo, o coração inquieto e muitas ideias de iniciativas para pôr em prática. Ali, eu conheci as pessoas que são referência do tema no país e montei uma rede de contatos que me ajudou a aprofundar meus estudos de diversidade desde então.

Hoje, agradeço por ter recebido os questionamentos daquela gerente. Eles me ajudaram a mergulhar no problema e nas informações que agora fazem parte da introdução de qualquer conversa que eu inicie sobre diversidade, afinal de contas, contra fatos não há argumentos, não é mesmo? Então vamos começar com algumas estatísticas de gênero[8].

Um dos dados mais alarmantes com que me deparei foi que embora as mulheres sejam a maioria entre as graduandas em universidades no país, elas têm acesso a 33% menos oportunidades econômicas que os homens. Ocupam apenas 37% dos cargos gerenciais, 15% das posições de alta liderança e 3% de cargos de presidência. Além disso, recebem rendimentos salariais em torno de 20% menores que seus pares homens[9]. No que diz respeito à tomada de decisão na vida pública brasileira, elas ocupam menos de 15% dos cargos do Parlamento. A ausência de mulheres não é um fato isolado. Elas, de verdade, têm menos espaço nas posições de liderança. E esse é um problema global. De acordo com dados do Fórum Econômico Mundial, precisaríamos de mais 132 anos para fecharmos a lacuna global entre gêneros.

Mas se as mulheres não estão na liderança, onde é que elas estão? No Brasil, mulheres dedicam quase o dobro do tempo que os homens em atividades de cuidados de pessoas e afazeres domésticos[10]. Existe uma expectativa social consolidada de que esse tipo de responsabilidade recaia, principalmente, sobre as mulheres. E, quando incluímos o tempo dedicado ao planejamento de atividades domésticas e de cuidados com pessoas, a carga das mulheres aumenta muito em relação à dos homens.

Isso é o que chamamos de "carga mental". Todo o trabalho invisível de programar, planejar, prever e antecipar necessidades da casa e da família, avaliar alternativas de soluções e tomar decisões para a manutenção do lar e dos cuidados das pessoas é a carga mental. Ouvir o cônjuge reclamar que acabou o suco no café da manhã. Na hora do almoço, você pede a ele que vá rapidamente ao mercado comprar o creme de leite que faltou para a receita do estrogonofe. Ele vai ao mercado e volta apenas com a lata de creme de leite que você pediu. Quando você o questiona sobre o suco, ele diz que você não lhe pediu que comprasse o suco. Em outras palavras, a carga mental da programação da lista de compras de mercado era sua, não dele.

Já parou para pensar no que significa ser a dona da casa? Essa é uma construção social cheia de símbolos, significados, demandas e carga de todos os tipos: física, emocional e mental. É senso comum esperar que as mulheres atuem como gestoras da casa como se fizessem gestão de uma fábrica. Devem pensar no planejamento de suprimentos, na organização das demandas e tarefas a serem desempenhadas, devem estar atentas aos potenciais riscos e sempre buscar oportunidades de melhoria dos processos. Com isso, vem aquela sensação de não conseguir desligar nunca. Deitar-se na cama e ter uma lista de afazeres saltando na cabeça, sempre com o sentimento de que está devendo trabalho.

É comum também que a vida conjugal seja abalada após o nascimento dos filhos. A responsabilidade pela criação e pelos cuidados das crianças pesa. A sobrecarga das atividades domésticas aumenta, principalmente para as mulheres, assim como a exaustão. As diferenças entre os parceiros ficam mais aparentes e os ruídos no relacionamento, que já existiam antes dos filhos, ficam insustentáveis. E assim, muitos casamentos terminam nos primeiros anos após o nascimento das crianças.

A verdade é que na nossa sociedade a mulher não tem muito para onde correr. Quando o relacionamento não termina por conta dos filhos, o casamento pode ser ameaçado se ela avançar na carreira. Um artigo[11] revelou que ser promovida ao C-suite (executivos de categoria mais alta dentro de uma empresa) pode resultar em um grande aumento na probabilidade de divórcio para as mulheres. O mesmo não é verdade para os homens. Mulheres promovidas se divorciam

36 duas vezes mais do que as não promovidas. Evidências apontam que o sucesso profissional da mulher toca em sensibilidades das normas sociais em torno de quanto as esposas deveriam ganhar em relação a seus cônjuges. Outro estudo[12] mostrou que, nos relacionamentos românticos existentes, quando os homens são superados por suas parceiras, a autoestima deles é afetada negativamente, mas o inverso não é verdadeiro para as mulheres.

A maioria, porém, nem consegue chegar lá. São impedidas por outras pedras no caminho, como a sobrecarga materna. Esse é um problema estrutural, com impacto direto na participação das mulheres no mercado de trabalho. E, para agravar a situação, aproximadamente 20% das mulheres, principalmente as de renda baixa e média, sofrem distúrbios psicológicos no primeiro ano após a maternidade.[13] Mulheres com alta sobrecarga doméstica apresentam prevalência mais elevada de transtornos mentais comuns,[14] como depressão, ansiedade, insônia e estresse. Os fatores diretamente relacionados a esses transtornos são baixa gratificação, não reconhecimento das atividades domésticas e associação com a ausência de atividades de lazer. Um estudo mais recente divulgado pela consultoria Deloitte[15] mostrou que, no Brasil, 44% das mulheres se sentem esgotadas com as funções que precisam desempenhar dentro de casa e no trabalho. Aquelas que pertencem a minorias étnicas relatam níveis muito mais altos de estresse e esgotamento, representando 54% dessa população.

Ou, quando não contam com trabalho remunerado, tendem a sofrer com sintomas de depressão de maneira ainda mais exacerbada e o prognóstico de tratamento mostra-se menos favorável, segundo sugerem outras pesquisas.[16] Com tudo isso, muitas mulheres brilhantes se deparam com diversos obstáculos no caminho e deixam de viver seus talentos. Perdem, portanto, a oportunidade de transformar o mundo porque não conseguem conciliar carreira com um modelo de maternidade participativa e com forte vínculo afetivo.

Esse é um cenário terrível e de incontáveis pedras no caminho das mulheres. Se não temos controle direto para mudar a situação, o primeiro passo é nos conscientizar do problema e repudiá-lo, enquanto fazemos o que está ao nosso alcance para mudar a realidade.

Pedras do mercado de trabalho

Se o caminho da ascensão profissional das mulheres tem pedras, o das mães tem muralhas. Hoje já se tem muito mais consciência sobre o preço da maternidade na carreira da mulher. Até mesmo por isso, vemos que muitas delas adiam os planos de se tornar mãe, como foi o meu caso, ou decidem abrir mão da maternidade para focar a carreira. Como disse antes, meu primeiro contato com os desafios da conciliação de carreira e maternidade foi na minha família de origem por meio das experiências da minha mãe e irmã mais velha. Mas foi quando eu mesma me tornei mãe que compreendi a proporção dos desafios envolvidos.

Certa vez, ouvi de um líder que a carreira da mulher só se define após a maternidade. Ele dizia que só depois de ter filhos é possível mensurar a real ambição profissional da mulher. Segundo ele, algumas decidem seguir os sonhos profissionais de antes da maternidade, outras mudam completamente o rumo profissional e outras deixam a carreira de lado para se dedicar exclusivamente aos filhos. Esse pensamento me intrigava bastante, pois eu ainda não era mãe a primeira vez que ouvi, mas me parecia que a maternidade representava um portal misterioso que definia a vida pessoal e profissional da mulher que passava por ele.

Bem, vamos aos dados concretos. Indicadores das estatísticas de gênero do IBGE[17] mostram que a presença de crianças com até 3 anos vivendo no domicílio é uma característica importante na determinação da ocupação das mulheres de 25 a 49 anos no mercado de trabalho. A taxa de ocupação cai de 67,2% para 54,6% quando as mulheres têm crianças de até 3 anos vivendo no domicílio. Quando falamos de mulheres pretas ou pardas, a situação é ainda mais alarmante, pois os níveis de ocupação caem para menos de 50% quando essas têm crianças de até 3 anos convivendo em casa.

Não me parece coincidência a queda na participação das mulheres no mercado de trabalho nos três primeiros anos de vida dos filhos. Esse é de fato um período que demanda muita dedicação e atenção maternas. O Ministério da Saúde recomenda amamentação exclusiva até os 6 meses da criança e amamentação complementar continuada até os 2 anos ou mais.[18] Além disso, especialistas em desenvolvimento humano afirmam que o afeto parental é fundamental para o desenvolvimento cognitivo, emocional e social da criança, principalmente nos três primeiros anos de vida, como descrito detalhadamente por Julieta Franco em seu livro *O poder do apego*.[19]

Se por um lado vemos uma demanda materna grande nos primeiros anos de vida dos filhos, por outro, as leis trabalhistas preveem apenas 120 dias de licença-maternidade remunerados. Sem falar das mães que não podem usufruir do benefício e direito conquistado por viverem de empregos informais ou por não contribuírem com a previdência social. Já o pai, que deveria ter corresponsabilidade nos cuidados da criança, possui apenas cinco dias de licença parental previstos por lei.[20] Quando as empresas aderem ao Programa Empresa Cidadã — que inclui incentivo fiscal do governo — as funcionárias têm a opção de estender a licença para 180 dias e os funcionários para 20 dias.

Eu reconheço que fui privilegiada por trabalhar em uma empresa que fazia parte do Programa Empresa Cidadã e, portanto, tive 180 dias de licença e também emendei mais trinta dias de férias. E, ainda assim, voltar a trabalhar após sete meses foi muito difícil. Não sei como seria ter de trabalhar durante o dia todo enquanto tentava me firmar em meio ao caos e a privação de sono crítica dos primeiros quatro meses.

O modelo de trabalho tradicional previsto na Consolidação das Leis do Trabalho (CLT) presume uma escala laboral presencial de oito horas diárias com intervalo de almoço de uma hora. Sem contar o tempo de deslocamento casa-trabalho, já se vão nove horas úteis do dia. Quanto tempo sobra para os cuidados com a criança e para a manutenção dos afazeres domésticos? Alguém paga esse preço. Com o desequilíbrio na divisão de tarefas dentro de casa e rede de apoio escassa ou nula, a conta não fecha para as mulheres. Depois que se tornam mães, quase metade delas tem as carreiras interrompidas em até dois anos após o nascimento dos filhos,[21] em sua maioria por decisão do empregador. Importante pontuar também que a queda de emprego para trabalhadoras com maior nível de escolaridade é menor (35% de queda após o primeiro ano) do que para as trabalhadoras com menor escolaridade (51% de queda).[22]

Quando observamos a dinâmica do mercado de trabalho, vemos que existem muitas outras pedras no caminho de ascensão profissional das mulheres. Os vieses inconscientes — ou em alguns casos até mesmo conscientes — atrapalham a entrada e a progressão de carreira nas organizações. Em processos seletivos por meio da plataforma LinkedIn,[23] recrutadores estão 13% menos inclinados a clicar em perfil feminino do que em masculino.

Infelizmente, ainda é comum nas organizações que as mulheres sofram preconceitos em relação à sua capacidade e ao seu comprometimento com mais frequência do que os homens. Elas são 70% mais propensas a não serem consideradas para uma oportunidade porque são percebidas como não flexíveis ou com baixo comprometimento ou, ainda, como mais emotivas, demasiadamente assertivas ou agressivas. São 60% mais propensas a receber remuneração menor que os homens em posições semelhantes e 50% mais propensas a não serem consideradas para uma oportunidade por conta de diferenças no estilo de liderança ou de relacionamento interpessoal.[24]

No que diz respeito às medidas privadas para aumento de equidade, o mesmo estudo[25] revelou que 82% das mulheres e 66% dos homens acreditam que a paridade de gênero deve estar entre as prioridades estratégicas de suas respectivas organizações. No entanto, a percepção é que as empresas ainda dão pouca atenção à questão: apenas 38% das mulheres acreditam que os líderes de sua organização consideram a conquista da igualdade de gênero um imperativo estratégico, assim como 44% enxergam que há de fato a disponibilização de recursos necessários à implementação de iniciativas de igualdade de gênero nas organizações das quais fazem parte.[26]

Diferente dos homens, que citam remuneração abaixo da expectativa como principal fator que impacta em aspiração de carreira, mulheres apontam a falta de liderança inspiradora como um dos principais entraves à motivação para progressão profissional. Daí a relevância de termos mais representatividade de mulheres na alta liderança, para inspirar outras mulheres, mostrando a elas que é possível e permitindo que elas possam também se ver e se projetar naquelas posições.

40 Ainda existe muito a ser feito no mercado de trabalho para reduzir as iniquidades de gênero que vemos hoje. Mesmo que pareça impossível, podemos fazer a nossa parte para promover a transformação desse cenário. Cada mulher que se torna exceção nesse sistema condenatório, conseguindo obter sucesso profissional sem abrir mão dos planos da maternidade, ajuda a renovar as esperanças e serve de estímulo para as outras que estão lutando para chegar lá também.

Pedras da autossabotagem

Uma constatação nada animadora é pensar que, em decorrência de fatores sociais, econômicos, históricos e culturais, as mulheres internalizaram e consolidaram crenças negativas e disfuncionais centrais que impactam a sua percepção de autovalor profissional e conquista de sucesso. Tais crenças funcionam como sabotadores internos que as limitam ou as impedem de dar um passo adiante mais arriscado que as aproxime da realização de seus sonhos.

Como se não bastassem as pedras que colocaram no nosso caminho, existem algumas outras que nós mesmas adicionamos, mesmo que não tenhamos consciência disso. Não nascemos com o sentimento de dúvida ou baixa percepção de autovalor sobre nós mesmas, internalizando as "vozes sociais" que facilitam o desencadeamento de sentimentos como insegurança, baixa autoestima, vergonha, timidez, falta de coragem, falta de confiança, falta de posicionamento, passividade em relação ao futuro e dúvida sobre o próprio autovalor. O nível de autossabotagem vai depender também de fatores como a experiência da infância e o modelo de criação oferecido pela família. Já os sintomas podem ser vistos em forma de vitimização, negação da realidade, procrastinação, medo, ansiedade, falta de consistência na implementação de planos de vida e síndrome da impostora.

Um estudo da KPMG[27] com mulheres de alto desempenho e vasta experiência nas empresas da lista Fortune 1000 divulgou que 75% delas relataram já terem vivenciado a síndrome da impostora ao longo de suas carreiras. Essas pessoas geralmente não acreditam que chegaram onde estão por competência ou mérito próprios. Normalmente, atribuem fatores externos para justificar suas conquistas e vivem assombradas pelo medo de, um dia, descobrir que são, na verdade, uma fraude.

Muito se fala que falta às mulheres autoconfiança para progredir na carreira, por exemplo. Entretanto, uma pesquisa da Bain & Company com o LinkedIn[28] revelou que é a falta de oportunidade para participar e ter sucesso em tarefas desafiadoras que está diretamente relacionada com a falta de confiança delas. Quando em nível júnior, a confiança das mulheres é normalmente abalada por não acreditarem que possuem as habilidades requeridas para o cargo. E, quando estão em cargos mais seniores de liderança, o fator mais relevante para manter a confiança elevada é poder contar com redes de apoio pessoais e profissionais.

Além disso, elas tendem a ser mais rigorosas que os homens ao se candidatarem a uma vaga, por exemplo. Mulheres se inscrevem 5% menos que os homens e pedem 25% menos indicações para as vagas do que eles.[29] Enquanto elas esperam cumprir praticamente todos os requisitos de uma vaga antes de se candidatar para o processo seletivo, eles, ao terem metade dos requisitos, já se sentem merecedores da oportunidade.

Na minha vivência dentro e fora das organizações, percebi que a maioria das mulheres vira refém do "mito da meritocracia". Na corrida das oportunidades, elas têm de enfrentar muito mais obstáculos que os homens, tanto na vida pessoal como profissional. A corrida desleal é claramente retratada na ilustração adaptada de Carlin (disponível a seguir), chamada de "Meritocracia", que é uma forma de crítica a isso. Além das inúmeras atividades em volume desproporcional que desempenham dentro de casa, tanto domésticas quanto de cuidado de pessoas, no trabalho elas tendem a dedicar muito tempo para planejar e executar tarefas com qualidade e muitas vezes se sobrecarregam aceitando mais demandas do que sua capacidade permitiria, pela dificuldade de dizer não. Somando-se a isso, dedicam pouco ou quase nada de tempo para a construção de relacionamentos interpessoais que possam dar visibilidade ao seu trabalho e esperam caladas que seus esforços sejam vistos e por fim reconhecidos por alguém. Esse conjunto de fatores não ajuda em nada na progressão de carreira das mulheres.

Inspirada na ilustração "Meritocracia" do cartonista Carlin. *In*: *La Republica*, de 5 de fevereiro de 2019.[30]

Esse não é, definitivamente, o cenário que nós mulheres merecemos nem o que eu quero para a minha filha Mallu e para as próximas gerações de mulheres que estão por vir. Sabemos que o cenário não vai mudar do dia para a noite. São séculos de história que formaram o problema estrutural que enfrentamos hoje. No entanto, temos o nosso papel na transformação aqui e agora. Para mim, a maneira mais eficaz de avançarmos nesse espaço é entender as regras do jogo, ainda que não concordemos com elas, e utilizá-las a nosso favor enquanto lutamos para mudá-las.

Minha trajetória e a de outras mulheres que já apoiei mostram que é possível criar um novo caminho para a realização na carreira e na maternidade. Um caminho da liderança, do protagonismo, de assumir riscos, quebrar padrões, honrar valores pessoais e talentos e, principalmente, da decisão pela conciliação de um modelo de maternidade afetiva com a realização profissional. O ponto de partida pode ajudar ou dificultar seu caminho, mas cabe a você escolher e persistir para alcançar seu ponto de chegada.

Com família de origem simples, pouca estrutura econômica para investimento em estudos, primeira geração que cursou ensino superior e sem exemplos dentro de casa de como conciliar carreira e maternidade, as estatísticas condenaram o meu futuro, mas eu decidi fazer dar certo. Você também consegue. Por isso, encorajo você a trilhar comigo um caminho possível. Pode ser desafiador, incômodo em muitos momentos, mas é muito recompensador. Tenho a confiança de que podemos recolher as pedras do caminho e construir a nossa própria fortaleza.

Capítulo 2

Mãe ou profissional: por que não posso ser os dois?

Em geral, as mulheres duvidam que possam dar conta de ter sucesso como profissional e mãe ao mesmo tempo. E esse pensamento é bem razoável, dadas as pedras no caminho sobre as quais falamos no capítulo anterior. É indiscutível que faltam subsídios e políticas públicas e privadas que as apoiem na conciliação dos diferentes papéis. Além disso, a combinação das pedras traz maior ou menor dificuldade a essas mulheres em suas jornadas.

Existem cinco fatores determinantes que influenciam diretamente no nível de facilidade e sucesso da mulher frente ao desafio de conciliar carreira e maternidade. São eles:

1. Clareza sobre valores pessoais, prioridades e talentos.
2. Circunstâncias da decisão pela maternidade.
3. Estrutura familiar.
4. Rede de apoio.
5. Atitude frente aos desafios.

Com base nesses fatores, mapeei os sete perfis mais comuns de mulheres no que diz respeito à conciliação de carreira e maternidade.[31] Mergulho em cada um deles, de maneira bem didática, para que você possa identificar os sabotadores mais frequentes que a impedem de se sentir realizada como mãe na liderança.

46   *1. Mulher invisível*

Aquela que se tornou mãe, teve de abrir mão da carreira, gostaria de retomar seu trabalho, mas não conta com apoio.

Esse foi o caso de Ana. Formada em Administração, trabalhava como coordenadora administrativa e cursava pós-graduação em Marketing. Tinha dois anos de experiência profissional quando se casou e, após um ano de casamento, veio o primeiro filho. A **gravidez não foi planejada**, mas foi recebida com alegria pelo pai e com receio pela mãe, que ainda não se sentia pronta para a maternidade.

Quando seu filho nasceu, Ana saiu de licença-maternidade por quatro meses. Pretendia continuar trabalhando e, por isso, matriculou o filho na creche em horário integral. No entanto, quando retornou ao trabalho ao término da licença, foi surpreendida com uma demissão. Seu gestor alegou que a empresa passava por reestruturação e que não era possível manter sua posição. Ana se viu sem chão, sem saber que rumo tomar.

Como o casal **não contava com ajuda** da família **nem com uma renda familiar capaz de bancar uma rede de apoio paga**, Ana teve bastante dificuldade de dedicar tempo e energia para se recolocar. Ficou imersa nas funções com os cuidados da casa e com o filho. Colocou toda sua energia e todo o seu tempo na administração do lar. Sem perceber, ficou cada vez mais **sobrecarregada** e sem mecanismos emocionais e físicos para se dedicar à busca de um novo trabalho.

O tempo passou, veio o segundo filho e o trabalho de mãe e dona de casa parecia não dar espaço para mais nada em sua vida. Além disso, seu marido fez as contas e viu que, financeiramente, era menos custoso que Ana continuasse em casa cuidando das crianças e do lar do que se fosse trabalhar e arcar com os custos com creche ou babá para as crianças, além de faxineira ou diarista para apoiar nas tarefas domésticas.

Sem alternativa nem apoio do marido para seguir seus sonhos profissionais, Ana se viu sem esperança de retomar a carreira. Entretanto, não há um dia sequer em que não pense em como sua vida seria diferente caso não tivesse filhos. Quando não consegue almoçar direito, porque tem que garantir que duas crianças sejam alimentadas, sente falta dos almoços descontraídos com os colegas de trabalho e do cafezinho que emendavam na sequência, antes de voltar para o escritório. Existe também o incômodo de se sentir **dependente financeiramente do marido** toda vez que pensa que não tem dinheiro para comprar nem "as próprias calcinhas" sem consultá-lo. As horas da semana em que se sente mais feliz são no sábado, quando dedica a manhã para ajudar nas atividades de caridade da igreja que frequenta.

Por outro lado, à noite, durante a semana, quando se sente **exausta** e **desvalorizada**, após passar o dia inteiro cuidando das crianças, arrumando casa e fazendo comida, às vezes escuta do marido, quase sempre quando se prepara para o seu momento de descanso, que é ele quem precisa descansar, afinal foi ele quem trabalhou o dia todo. Como se ela também não tivesse trabalhado! Assim, sente que sua dedicação à família **não tem o devido reconhecimento**. Ela se sente invisível! Ana sente como se aquelas funções fossem suas obrigações. Funções essas que, por não serem remuneradas, parecem **não ser valorizadas** por grande parte da sociedade. Sente ressentimento por ter **sacrificado sua carreira em prol da família** enquanto para seu marido a vida mudou pouco ou quase nada após a chegada dos filhos. Certo dia, no auge do cansaço e irritabilidade por tentar controlar os ataques de raiva e briga das crianças, Ana gritou com eles: "Eu não aguento mais! Faço tudo por vocês, abri mão da minha vida por vocês, mas vocês não cooperam em nada! Não me valorizam em nada!"

Depois que se acalmou, passadas as lágrimas e a raiva, **sentiu culpa** por ter falado daquele jeito com os filhos. Por ter despejado neles um problema que, na verdade, era do relacionamento dela com o marido. Ana se sentia sem saída e **vítima** da situação em que se encontrava. Para complicar, ela foi acometida em um quadro depressivo e compulsivo alimentar.

A situação de Ana reflete uma mulher que, embora tivesse clareza de seus desejos e prioridades pessoais e profissionais, não contou com uma estrutura de apoio para viabilizar a conciliação da carreira e maternidade. Além disso, a maneira como interpreta seus desafios a leva a acreditar que não tem uma solução viável que a ajude a retomar sua profissão. E, quando existe essa combinação de fatores, em que a mulher não tem apoio nem autonomia financeira para custear uma estrutura de apoio e se vê como uma vítima sem saída, a conciliação da maternidade com os sonhos profissionais tende a fracassar.

48 2. Mulher insegura

Aquela que se tornou mãe, decidiu pausar a carreira temporariamente, agora deseja retornar ao mercado de trabalho, mas não se sente segura.

Bianca era formada em Arquitetura, fazia alguns trabalhos de maneira autônoma, atendendo projetos contratados por empresas de terceiros. Queria ganhar mais experiência na área antes de dar um passo maior e abrir o próprio escritório. Não se sentia segura em seguir de modo independente e tampouco queria assumir muitos projetos freelancers, por receio de se comprometer demais e não conseguir entregar.

Era recém-casada e a gravidez estava nos planos do casal, mas ainda sem data concreta para começar a tentar. Com dois anos de casados, o primeiro filho chegou. Bianca, que havia se preparado, com muito estudo, para a maternidade, entendeu que os primeiros anos de vida são fundamentais para a saúde física, mental e emocional da criança. Aprendeu tudo sobre a importância da amamentação, do afeto e da responsividade da mãe nesse período. Com isso, decidiu dar uma pausa nos projetos de arquitetura para priorizar a maternidade.

Com o apoio do marido, entrou de cabeça no seu novo papel. Foi uma mãe superdedicada e atenciosa às necessidades do filho nos seus primeiros anos de vida. Criou com apego, fez cama compartilhada, deu muito colo, fez introdução alimentar e desfralde guiados pela criança, restringiu o uso de telas e amamentou o filho até quatro anos, na maior parte do tempo em livre demanda. Até que chegou à idade em que ele foi para a escola, e Bianca ficou sem saber o que fazer com a tal liberdade que ela já nem mais reconhecia.

Foram cinco anos se dedicando prioritariamente à maternidade e a principal identidade de Bianca era ser mãe. Quando passou a ter tempo livre, começou a se questionar sobre seu papel e sentiu uma vontade forte de retomar sua carreira. No entanto, percebeu que tinha **muita dificuldade de colocar os sonhos profissionais em prática**. Era só imaginar alguma ação para implementar que alguns **pensamentos invasivos e sabotadores** tomavam conta de sua mente:

- *Vou começar a atender mês que vem, pelo menos um dia por semana.*
- *Mas será que vou dar conta? Devo estar muito desatualizada! Estou por fora do que avançou na arquitetura nos últimos anos.*
- *Será que ainda vou estar afiada para criar um projeto?*
- *Será que vou ter clientes interessados? Eles vão saber que estou há muito tempo enferrujada!*
- *E se eu não conseguir cumprir com minha agenda de compromissos? Vira e mexe, meu filho pega uma virose nova na escola.*
- *E se meu filho precisar mais de mim e eu estiver com a agenda cheia de compromissos? Não quero que ele se sinta rejeitado.*

O que no fundo esses pensamentos de Bianca indicavam era que ela havia **perdido a confiança no seu valor profissional** e na sua capacidade de se manter uma **mãe presente e participativa** ao retomar seu trabalho. Mesmo que o **marido fosse seu maior incentivador** e que contasse com uma **boa rede de apoio**, internamente Bianca não sentia segurança e confiança para conciliar seus diferentes papéis e tendia a **procrastinar** a execução de seus planos de vida.

3. Mulher refém

Aquela que se tornou mãe, gostaria de pausar a carreira para se dedicar à maternidade, mas precisa continuar trabalhando e sente culpa por não conseguir ser a mãe que gostaria.

Camila tem duas filhas, uma de 6 e outra de 3 anos, é separada e trabalha como representante comercial. **Sua fonte de renda é importante para o sustento** e a manutenção do padrão de vida da família. Após se separar da outra mãe de suas filhas, ela ficou com a guarda das crianças, mas a pensão que recebe da ex-mulher mal paga os custos com alimentação. Sua família de origem mora no interior, e Camila se mudou jovem para a capital de São Paulo para buscar melhores condições de vida. Longe da família, **não tem rede de apoio**. Conta com o suporte da escola e creche integral para as filhas e tem uma babá diarista para os dias em que precisa participar de eventos noturnos no trabalho.

Sua rotina é bastante intensa. Sai de casa às 7h30, deixa as crianças na escola e só as encontra de novo às 18h30. Nos dias de eventos, chega em casa depois das 22h e as filhas já estão dormindo. Por vezes, Camila **se sente terceirizando os cuidados maternos**. Sofre por **não conseguir ser uma mãe tão presente** como gostaria. No caminho para o trabalho, sente medo de que suas filhas não a tenham como principal referência e nem a amem tanto por ter de estar tão ausente para trabalhar. Teme que elas se sintam rejeitadas ou desprezadas.

Encara seu trabalho como um fardo. Não sente realização pessoal nem profissional, não gosta do que faz, mas faz porque precisa. Afinal, foi assim que ela aprendeu a ganhar dinheiro. Se tivesse uma alternativa, largaria tudo na primeira oportunidade. **Vive sonhando com um milagre**: ganhar na loteria, uma herança inesperada ou qualquer sorte que a tire da situação em que se encontra. Se pudesse, gostaria de ficar em casa, cuidando das meninas e se dedicando a fazer as receitas de família, um hobby que lhe traz prazer.

A equação pessoal e profissional não está fechando no positivo para Camila. Sem rede de apoio, estrutura financeira e clareza sobre seus valores pessoais e talentos, ela não sente que consegue fazer algo para mudar a situação em que se encontra, portanto, prefere negar a sua realidade.

4. Mulher devedora

Aquela que é mãe e profissional, mas se sente em dívida nos dois papéis.

Flávia sempre sonhou em ser mãe. Seu plano de vida era se formar em Engenharia de Produção, trabalhar em uma multinacional, casar-se e ter três filhos. Sempre foi perfeccionista e estava decidida a seguir à risca seu planejamento de vida. Mas sabemos que, por inúmeros fatores, nem sempre conseguimos concretizar tudo aquilo que planejamos, não é mesmo? E assim também aconteceu com a Flávia.

Após se formar como engenheira, conseguiu entrar em uma multinacional como trainee e estava muito feliz. Por meio do trabalho, conheceu seu marido, Caio, e se casaram em menos de dois anos.

Os desejos dos dois eram bem parecidos – queriam formar uma família e continuar avançando em seus sonhos profissionais. Depois de casados, aproveitaram o primeiro ano viajando e saindo com amigos. No segundo ano, deram início às tentativas de engravidar.

Foi nesse processo que Flávia se deu conta de que não seria tão fácil concretizar seus planos de vida. A cada mês que sua menstruação vinha, ela se frustrava por ainda não ter chegado a sua hora de ser mãe. Após mais um ano de tentativas, resolveram fazer uma série de exames e descobriram que, por uma condição de saúde de Caio, não podiam engravidar, mesmo que fizessem qualquer tipo de tratamento.

Flávia ficou arrasada. Chegou a pensar em alternativas como propor ao marido fertilização in vitro com sêmen de doador, mas acabou decidindo que a melhor opção seria a adoção. Afinal, ao adotar, poderiam ao mesmo tempo realizar o sonho de ter filhos e ainda se oferecer como família para crianças sem pais.

E assim o fizeram. Entraram na fila de adoção e, tempos depois, encontraram um casal de irmãos que havia sido abandonado. Uma menina de 3 anos e um bebezinho de 7 meses. Pronto. Flávia e Caio estavam felizes e realizados! Ela tirou licença-maternidade de quatro meses e mergulhou de cabeça na rotina intensa de mãe de dois. Contava com o apoio de uma babá e sua mãe também passou um tempo na sua casa ajudando na adaptação da nova família.

Quando retornou ao trabalho, Flávia viveu uma angústia enorme. Seu **perfeccionismo** ficou insustentável. Do lado pessoal, sentia que as atribuições como mãe de uma criança em fase de adaptação escolar e de um bebê em processo de introdução alimentar iriam **requerer muito mais do seu tempo e dedicação**. Do lado profissional, **se sentia em débito** por não mais conseguir despender horas extras para entregar as demandas que lhe eram solicitadas, afinal, precisava correr no fim do dia para buscar a filha na escolinha. Tinha muita **dificuldade de dizer não**, com isso aceitava contribuir com os projetos da área mesmo sabendo que já estava **sobrecarregada**. Não era raro que tivesse de trabalhar até de madrugada para honrar com algum prazo estipulado por seu gestor. Ainda assim, se sentia **culpada** quando precisava sair mais cedo do trabalho devido a uma consulta médica da filha.

Dessa maneira, Flávia sofria por se sentir **devendo como mãe**, já que gostaria de estar mais presente e participar mais da rotina dos seus filhos e, mesmo que tivesse bons resultados no trabalho, **também se sentia devendo profissionalmente**, pois não conseguia mais ter controle sobre suas entregas e seus prazos. Passava a maior parte do tempo focando a falta, aquilo que se sentia devendo e não se atentava a todas as conquistas incríveis que realizava enquanto mãe e profissional.

Passado o turbilhão do primeiro ano da maternidade, ela foi surpreendida com uma oferta de promoção para substituir seu gestor e passar a liderar os seus pares. Para a liderança, esse era um passo natural, dado que Flávia era a profissional mais experiente e com melhores habilidades de liderança do time. Externamente ela aparentava confiança, credibilidade e competência, mas, por dentro, **se questionou muito** e, por se sentir culpada em razão da sua ausência com os filhos, pensou várias vezes em declinar a proposta. Por fim, resolveu assumir o desafio.

No entanto, ainda assim, passados mais de seis meses na nova posição, ela se confrontava, mais de uma vez por dia, com **pensamentos invasivos que desafiavam sua competência** para ocupar aquele cargo e intensificava seu **sentimento de inadequação** de que não estava sendo uma **mãe suficientemente boa**. Flávia estava enfrentando a **síndrome da impostora**, que é uma dificuldade de crer que seu sucesso é merecido e que é boa o bastante nas funções que desempenha. E esse é um problema muito comum para as mulheres em cargos de liderança.

5. Mulher fênix

Aquela que se tornou mãe e sentiu a necessidade de se reinventar profissionalmente após a maternidade.

A maternidade chega e traz consigo uma oportunidade de reflexão. É como um portal de transformação, uma oportunidade de revisão de valores e de reavaliação das prioridades na vida. Sabemos que os três primeiros anos da maternidade são decisivos não apenas para a carreira da mulher como para a formação da saúde física, emocional e cognitiva da criança.

Júlia viveu plenamente o seu portal de transformação. Antes da maternidade, ela atuava como gerente de controladoria financeira. Pensava em ter filhos, mas não tinha pressa. Era solteira e pensava que quando tivesse um relacionamento mais sério, seria o momento ideal para pensar em engravidar. Um belo dia, com 36 anos e um mês após ter passado um Réveillon sensacional com um homem com quem estava saindo há algumas semanas, Júlia descobriu que estava grávida. Após a notícia da gravidez, o relacionamento se desfez e ela se viu uma futura mãe solo.

Depois que o filho nasceu, Júlia percebeu que a maternidade era muito mais do que ela imaginava. Era um amor nunca antes vivido. Sofria só de imaginar que em seis meses sua licença-maternidade acabaria e ela teria que retornar para aquele trabalho de clima tenso, muita pressão e muitas viagens. Todos os dias refletia sobre suas prioridades de vida e sentia que precisava abandonar o trabalho atual, que já não fazia mais sentido para ela, sobretudo após a maternidade.

Quando faltava um mês para seu retorno, reviu suas finanças e investimentos, e entendeu que conseguiria segurar as pontas por dois anos sem trabalhar. Conversou com a família, disse que pediria apoio caso precisasse e decidiu que pediria demissão. Queria se permitir pausar profissionalmente e se dedicar de modo exclusivo àquela pessoa que era prioridade em sua vida: seu filho. Conversou com sua gestora e descobriu que poderiam fazer um acordo de saída, afinal, sua posição estava mudando de escopo, então aproveitou a oportunidade. Experimentou um misto de medo e liberdade, afinal era a primeira vez que realmente colocava suas prioridades de vida à frente dos planos de carreira.

Os primeiros três meses após sua saída do trabalho foram libertadores. Aquela sensação de fazer o que realmente importa, sem ninguém cobrando nada nem pressão de fechamento orçamentário no fim de cada mês. Sua prioridade era estar disponível de corpo e alma para apoiar qualquer necessidade do filho. Como estava sem trabalhar, havia cortado o serviço de diarista. Após seis meses, bateu a **sobrecarga** de ter de dar conta da criança e das atribuições da casa. Júlia começou a **sentir falta de se arrumar, de se cuidar,** de ter discussões estratégicas para crescimento do negócio que apoiava. **Estava cansada** de só conversar sobre amamentação e das noites mal dormidas.

54   Certa vez, foi encontrar um grupo de três antigas amigas de colégio, que também eram mães, e ouviu histórias inspiradoras sobre como elas faziam coisas incríveis por meio de suas profissões. Uma era médica de hospital de emergência e salvava muitas vidas. A outra era consultora de investimentos e ajudava famílias a planejarem aposentadorias. A terceira era consultora de estilo e ajudava mulheres a resgatarem a autoestima. Júlia sentiu um grande **incômodo** quando pensou que o que ela mais fazia era trocar fralda e amamentar.

O incômodo tomou conta porque ela **sabia que podia fazer mais**. Sentia que estava **desperdiçando seus talentos** e os investimentos que havia feito nos estudos. Se tivesse seguido sua carreira, imaginava que já estaria próxima de alcançar uma posição de gerência sênior dentro da empresa e teria a oportunidade de liderar e impactar positivamente a vida de muitas pessoas. No entanto, aquele mundo corporativo já não fazia mais sentido para ela. Queria ser independente, dona do próprio negócio e da própria vida!

Queria retomar sua vida profissional de maneira empreendedora, mas tinha muita **dificuldade em descobrir que negócio construir**. **Não tinha clareza sobre todos os seus talentos e aptidões**. Só havia trabalhado em organizações por toda a sua vida. Pesquisava sobre áreas de negócio, se animava, conversava com pessoas mais experientes do setor e acabava desistindo pelas dificuldades apresentadas. Com isso, Júlia passou mais um ano estudando, conversando, analisando, sem ter a certeza de em qual negócio investir. Em resumo, estava **paralisada pelo excesso de análise** e pela espera das condições perfeitas para empreender e recomeçar.

Após a indicação de uma amiga para que fizesse uma **mentoria para transição de carreira**, descobriu que poderia montar sua consultoria financeira, um negócio prioritariamente on-line, que lhe traria **renda e flexibilidade para ser uma mãe mais presente e participativa**. Ao final do processo, **se reinventou** e **retomou as rédeas da sua carreira**: em menos de três meses montou seu negócio voltado a apoiar mulheres a organizarem suas finanças e seus investimentos a fim de conquistarem um futuro tranquilo. Hoje já conta com uma equipe para apoiá-la na empresa, pois a demanda pelos seus serviços é grande.

Muitas vezes, Júlia precisa trabalhar durante fins de semana para organizar trâmites e processos da empresa, mas isso não a incomoda tanto, porque, durante a semana, ela tem seu tempo bloqueado para levar e buscar o filho na escola e estar mais presente em momentos importantes da vida dele. Mesmo que no curto prazo ainda não tenha alcançado o retorno financeiro que tinha quando fazia parte do quadro funcional da empresa, está em paz com sua decisão porque a **equação carreira e maternidade está mais harmônica** para ela.

6. Mulher carreirista

Aquela que priorizou a carreira e adiou a maternidade.

Eu já fui essa mulher. A maternidade nunca foi uma prioridade para mim. Mesmo que de maneira inconsciente, meu foco era romper com os padrões de maternidade que até então eu tinha vivenciado de perto na minha família. Eu queria conquistar minha liberdade financeira, minha realização pessoal e enxergava a profissão como um meio para isso.

A **pressão da família e sociedade** em geral sempre foi enorme. Essa pressão incomoda, fere, invade! Em todos os eventos familiares ou nas festas de amigos, já poderia esperar as frases: "Estão tentando ter filhos?", "Quando é que vão ter filhos?", "Vão esperar ficar velhos e cansados para ter filhos?" e, a mais sem noção de todas, "Cuidado hein, seu marido pode cansar de esperar para ter filhos com você e decidir ter com outra na rua...".

Eu ficava imaginando como deveria ser no caso das mulheres que são mais suscetíveis a opinião alheia. Acredito que muitas delas nem sequer tiveram a oportunidade de se questionar sobre a decisão ou o momento mais adequado para a maternidade. E o impacto disso na vida delas? Nos sonhos delas? Na vida das crianças geradas?

Eu sentia raiva das cobranças. Afinal, quem melhor do que eu para saber o que fazer com a minha própria vida? Queria avançar na carreira, conquistar a gerência sênior e depois viver o sonho da carreira internacional antes de ter filhos. Cheguei à liderança sênior, mas nada da experiência internacional.

Nesse meio-tempo, minhas amigas próximas foram engravidando. Eu ouvia casos de mulheres com dificuldade de engravidar, fazendo congelamento de óvulos e tratamentos sofridos de fertilização.

56 **Tive medo**. Medo de estar perdendo tempo apenas focando a carreira e de minha ficha cair tarde demais. Decidi buscar minha ginecologista e fui orientada a congelar óvulos aos 35 anos, caso não decidisse por engravidar até aquela idade. Na época, tinha acabado de completar 34, ou seja, tinha um ano para tomar uma decisão. Nesse mesmo período, fiz uma viagem mais longa a trabalho, para Cuba, e tive bastante tempo para refletir sozinha e confrontar meus medos. O que é que me preocupava de fato?

Medo de não conseguir dar o mesmo foco na carreira após a maternidade. Sim, esse era um fato. Como seria para fazer horas e horas extras para resolver um problema no escritório enquanto tivesse uma criança em casa esperando por mim? Quantos "nãos" eu teria de dizer para conseguir dedicar mais tempo para a maternidade? Quantas oportunidades eu perderia? Outro dos meus maiores medos era a maternidade **inviabilizar a experiência de trabalho internacional**. Sim, eu sabia que seria mais difícil viver e trabalhar no exterior com uma criança pequena. Quem cuidaria da criança para os dois pais trabalharem? A maioria dos casais expatriados que conheço inclui uma mãe que abriu mão de sua carreira para cuidar dos filhos e acompanhar a carreira internacional do marido.

Também sentia **medo de a maternidade acabar com minha liberdade e meu lazer. Medo de não conseguir manter o foco no meu bem-estar** físico, mental e emocional. Como seria viável manter minha rotina saudável e de autocuidados após a maternidade? E lá, bem lá no fundo, tinha bem forte e escondido o maior dos meus medos, o de **não conseguir ser uma mãe participativa e suficientemente boa**. Como focava bastante a carreira, tinha medo de não conseguir ser a mãe ideal, que está presente e participa dos marcos mais importantes da vida e do desenvolvimento dos filhos. **Não queria ser uma executiva de sucesso e uma mãe fracassada**.

Nas horas dentro do avião de volta ao Brasil, com total foco na minha reflexão, sem distrações de terceiros nem de redes sociais, coloquei minha playlist chamada "Soul" e fui conversando comigo mesma durante o voo. Quebrei cada uma das objeções e dos medos em relação à decisão de engravidar. Quando o avião pousou no Brasil, eu estava com a cabeça organizada.

Para mim, a maternidade não foi um chamado, foi uma decisão. Eu estava certa e confiante de que era o certo a se fazer naquele momento. Sabia que não estava pronta, mas eu daria um jeito de me preparar. Assim como em grandes decisões, aceitamos tomar os riscos. No segundo mês de tentativa, engravidamos. Os desafios da maternidade e os aprendizados que ela me trouxe me fizeram crescer não só pessoalmente como profissionalmente. Foi com ela que deixei de ser uma mulher carreirista para me tornar uma MÃE NA LIDERANÇA, no conceito que vamos explorar a seguir.

A maternidade me abriu portas.

7. Mãe na liderança

Aquela que é mãe e lidera os papéis pessoais e profissionais que ocupa.

Patrícia é publicitária, casada, tem três filhos, atua como executiva de marketing de uma empresa multinacional e é sócia de uma creche escolar. Hoje está vivendo a melhor fase de sua vida pessoal e profissional. Mas nem sempre foi assim. Oito anos atrás, Patrícia investia no seu crescimento profissional e estava certa de que não seria mãe. Fazia parte da geração "NoMo" — Not Mothers ("não mães", em português) — mulheres que dizem não à maternidade. Pesquisas[32, 33] revelam que 37% das mulheres em idade fértil no Brasil não pensam em ter filhos e 81% não consideram ter filhos pelo menos nos próximos cinco anos.

No relacionamento, estava tudo alinhado, já que Patrícia tinha um parceiro que pensava do mesmo jeito e também não queria ser pai. Eles seriam pais de um *pet*, um cachorrinho vira-lata bem simpático. Esse era o acordo do casal. No entanto, menos de um ano após decidirem morar juntos, Patrícia descobriu que estava grávida, por acidente. Mesmo a contragosto do seu parceiro, ela refletiu muito e decidiu que manteria a gravidez, tendo ou não o apoio dele. Na vigésima semana de gestação, fez um exame e descobriu que seu bebê tinha síndrome de Down. Ficou arrasada por sentir que ela e seu filho enfrentariam uma batalha pela frente. Quando comunicou a notícia ao parceiro, ele foi claro em dizer que não apoiava o nascimento da criança e que estava terminando o relacionamento. Patrícia sentiu essa reação como um golpe, mas no fundo não foi uma surpresa para ela.

58

Passados os dias de luto pelo fim do relacionamento, com muita terapia e apoio familiar, ela se reconectou consigo mesma, manteve sua decisão e seguiu nos preparativos para a chegada do bebê.

Após o nascimento do filho, ela se viu em uma conexão muito grande com a criança e teve certeza de que havia feito a escolha certa. Contratou uma babá, negociou no emprego e passou a trabalhar por meio período durante o primeiro ano do bebê, porque queria garantir um contato mais próximo com ele. No segundo ano de vida do filho, começou a buscar creches para ele e viu que não seria fácil. Após diversas buscas e visitas, chegou à conclusão de que seria inviável encontrar alguma que tivesse um processo de inclusão que a deixasse confortável e segura.

Ficou muito **incomodada** com esse cenário de **falta de estrutura** para que pudesse conciliar carreira e maternidade e estava **decidida a fazer algo para mudar aquela realidade**. Depois de muita troca de experiência com outras mães de crianças com Down, Patrícia sugeriu a uma outra mãe uma sociedade para fundar uma creche inclusiva, capacitada para receber crianças com Down e outras deficiências. Em um ano, a sociedade foi feita e a creche foi estabelecida. A outra mãe tinha experiência no ramo escolar e se tornou a diretora pedagógica e operacional da creche. Patrícia decidiu **focar os seus talentos** e ficou à frente da estratégia comercial e do marketing. Já no fim do primeiro ano, a creche foi um sucesso, afinal, havia muita demanda e pouca oferta de instituição inclusiva em sua cidade. Com isso, Patrícia se sentia muito realizada por poder ajudar famílias, transformando para melhor não só a sua, mas a realidade de tanta gente.

Mesmo com a rotina intensa, Patrícia **arrumava tempo para se cuidar,** pois saúde era uma de suas **prioridades**. Mantinha uma dieta balanceada e fazia atividades físicas pelo menos cinco vezes por semana. Quando seu filho tinha 4 anos, Patrícia conheceu um homem na academia com quem se identificou desde a primeira interação. Ele era divorciado, também tinha um filho pequeno e ambições de vida parecidas com as dela. Em um ano, já estavam morando juntos e **compartilhando as atribuições domésticas**. Sua **parceria** e **cumplicidade** eram muito grandes. Em menos de três anos juntos, tiveram duas meninas, que foram desejadas e bem recebidas pelo casal.

A vida de mãe de três, executiva e empreendedora tem uma rotina muito intensa, porém se torna viável porque o casal tem bem clara a **divisão de tarefas** dos cuidados da casa e das crianças. Eles formam um belo time! Patrícia aplica em casa e no trabalho os aprendizados sobre colaboração, papéis, responsabilidades e confiança, da época em que era jovem e jogava vôlei profissional. Além disso, o casal conta com o **apoio** de uma babá e uma diarista. Ainda assim, quando Patrícia se sente **sobrecarregada**, conversa abertamente com o marido para tentarem chegar a uma **solução** que seja benéfica à família e que não pese tanto para apenas um dos dois lados.

Mães na liderança **conhecem suas prioridades**, vivem de acordo com seus **valores**, aproveitam seus **talentos**, **lideram e agem** nas situações para que se alinhem aos seus objetivos, construindo aliados para viabilizar ou facilitar seus caminhos. Elas **quebram paradigmas, não se conformam com os padrões** históricos, sociais e culturais impostos às mulheres. Enfrentam inúmeros desafios, mas têm uma **fortaleza interior intelectual e emocional** para lutar e chegar a uma solução que faça sentido frente aos ideais nos quais acreditam. Quando as mães na liderança estão em ação, elas **têm o potencial de transformar o mundo**! Esse é o princípio do método ALTA.

Após ler sobre esses sete perfis, talvez você se identifique com um deles ou com uma combinação de características que traduzem o momento atual ou o próximo da sua vida. A ideia aqui não é enquadrar você nem trazer um diagnóstico, mas apenas provocar a reflexão sobre potenciais sabotadores que podem estar impedindo-a, neste momento, de viver a maternidade e a carreira que você sonha ter. Tenho certeza de que existe uma mulher talentosa aí dentro, e o meu propósito é fazê-la ter consciência do seu potencial e poder de realização.

Capítulo 3

O problema é estrutural

A estrada é longa

*"Você não sabe o quanto eu caminhei
para chegar até aqui..."*[34]

Você pode estar se perguntando: "Mas de onde vêm esses sabotadores?".

A evolução dos direitos das mulheres foi lenta e difícil. A construção social do gênero ao longo dos séculos enraizou o papel de mãe, esposa e cuidadora do lar como os destinados a mulher, o que a tornou praticamente invisível na conquista de direitos econômicos e políticos. Ao analisarmos a história da humanidade, percebemos que a desigualdade entre gêneros é um problema estrutural, reforçado pela desigualdade perpetuada por centenas de anos, o que se reflete na falta de acessos e oportunidades que vemos até hoje entre homens e mulheres.

O avanço dos direitos das mulheres aconteceu apenas no último século. Devido à escassez de mão de obra nos Estados Unidos e na Europa durante a Primeira Guerra Mundial,[35] fez-se necessária a inserção das mulheres no mercado de trabalho. Elas eram vistas como mão de obra fácil e barata. Chegavam a trabalhar 16 horas por dia em condições insalubres como operárias nas fábricas de vestuário e da indústria têxtil. Insatisfeitas com esse cenário, mulheres iniciaram uma série de movimentos para reivindicação de direitos. Um exemplo disso foi o que aconteceu em 26 de fevereiro de 1909, quando aproximadamente 15 mil mulheres marcharam nas ruas de Nova York, nos Estados Unidos, por melhores condições de trabalho.

Após décadas de manifestações e discussões que repercutiram por meio de órgãos internacionais, principalmente nos Estados Unidos e na Europa, a igualdade de gênero foi reconhecida em 1945 como direito fundamental na Carta das Nações Unidas. Foi a partir desse marco que o movimento das mulheres, reivindicando seus direitos nos campos político, econômico, civil, social e educacional, passou a ter visibilidade e a ganhar força mundialmente. A seguir, compartilho um breve resumo da linha do tempo com os principais marcos históricos na trajetória da conquista de direitos das mulheres no Brasil e no mundo.

LINHA DO TEMPO DA CONQUISTA DOS DIREITOS DAS MULHERES:[36]

1827: Promulgação da Lei Geral, primeira lei que regulamenta educação para as mulheres no Brasil

1879: Direito a frequentar instituições de ensino superior no Brasil concedido por Dom Pedro II

1932: Conquista do direito ao voto no Brasil por meio do Decreto 21.076 do presidente Getúlio Vargas

1943: Criação da Consolidação das Leis do Trabalho (CLT) no Brasil, que previa 84 dias de licença-maternidade a serem pagos exclusivamente pelo empregador[37]

1945: Carta das Nações Unidas reconhece igualdade de direitos entre homens e mulheres

1951: Organização Internacional do Trabalho aprova igualdade salarial entre homens e mulheres

1962: Mulheres casadas deixam de precisar da autorização dos maridos para trabalhar – estatuto da mulher casada Lei nº 4.212/62 do Brasil

1967: Declaração sobre a Eliminação de Todas as Discriminações contra a Mulher no Brasil

1973: Os custos de licença-maternidade no Brasil passaram a ser pagos pela Previdência Social[38]

1975: Primeira Conferência Mundial das Mulheres no México, para formulação de agenda de ações para promoção de igualdade de direitos

| 1977: | Legalização do divórcio no Brasil – Lei nº 6.515/77 |

| 1988: | Presença de direitos e deveres iguais entre homens e mulheres na Constituição Federal de 1988 no Brasil, conquista de estabilidade de emprego para gestantes e ampliação do período de licença-maternidade de 84 para 120 dias[39] |

| 2006: | Sancionada a Lei Maria da Penha com foco em coibir a violência doméstica contra a mulher no Brasil – Lei nº 1.1340/06 |

| 2015: | Aprovada a Lei nº 13.104/15 no Brasil, que torna o feminicídio um homicídio qualificado |

De onde vem a nossa culpa?

Os séculos e mais séculos em que a mulher foi colocada em papel social, político e econômico secundário quando comparada ao homem, o que caracteriza o machismo estrutural, teve impacto direto nas crenças desenvolvidas e perpetuadas por meio das gerações sobre os espaços que as mulheres podem e devem ocupar.

Neurológica e bioquimicamente sofremos influência do que vivemos, vemos e sentimos. As experiências que temos ao longo da vida moldam não só nossa estrutura física e psicológica, mas também, e principalmente, o modo como pensamos, sentimos e agimos com base nisso.[40] O que pensamos sobre nós e sobre os outros e o mundo – que na Psicologia se chama "sistema de crenças" – está intrinsecamente relacionado com aquilo que vivenciamos ao longo de todos os anos de nossa existência. Mesmo sem nos darmos conta, muitas de nossas crenças podem, inclusive, ter se originado de situações, sensações e experiências das quais sequer nos lembramos, desde a nossa infância. Ou mesmo de crenças e pensamentos de outras pessoas com quem convivemos desde criança que, quando reforçados repetidamente, acabaram sendo internalizados como nossas próprias crenças.

Não é raro nos sentirmos incapazes de conciliar carreira e maternidade se na nossa família crescemos vendo e ouvindo nossas avós e mães abrirem mão de sonhos profissionais para se dedicarem exclusivamente aos cuidados dos filhos e da casa. Ou nos sentirmos

64

inseguras em ambientes de trabalho prioritariamente masculinos porque em nossa casa nossos pais exerciam poder indiscriminado na vida doméstica, de nossa mãe e até em relação a nós mesmas.

Na nossa sociedade, em geral, meninas foram criadas assistindo a contos de fadas, brincando de casinha e fazendo comidinha. Cresceram impedidas de dizerem o que pensam, a falarem alto, a vestirem determinados tipos de roupa, a não terem o próprio dinheiro, a não serem competitivas e a não contrariarem a voz masculina que as cercam.

A história da mulher na sociedade nos mostra que fomos impostas a séculos de submissão aos homens, por meio de um papel principal de cuidadora do lar e da família, além da função de zelar pela moral e pelos bons costumes. Mesmo após anos de reivindicações e lutas por igualdade de direitos, vemos que a sociedade ainda não abandonou a herança histórica do machismo. Infelizmente, ainda sofremos uma cobrança social de que os homens sejam racionais, líderes e dominantes, enquanto das mulheres é esperado um papel de cuidado, uma postura emotiva, frágil e passiva. São padrões que ao longo do tempo formaram crenças enraizadas nas mulheres.

Dentro desse cenário preocupante, você poderia pensar: "É impossível conseguir vencer esse sistema!", mas lhe garanto que existe uma maneira de navegar em tudo isso, de se renovar e se reinventar. Não à toa existem muitas mulheres que conseguiram romper essa barreira e hoje são inspirações. Não se trata "só" de ter ou não privilégios (apesar de, realmente, tê-los ajudar bastante). Até porque conheço inúmeras mulheres abastadas, com toda a rede de apoio, que ainda assim não conquistaram realização pessoal e profissional. Essa conquista está intrinsecamente relacionada a uma força interna, a um poder possível de ser destravado por todas nós. Requer um caminho de desenvolvimento pessoal para encurtar barreiras e nos impulsionar frente aos nossos sonhos.

Você deve estar pensando: "Se é algo tão enraizado socialmente, se a culpa não é minha e se não depende de mim mudar séculos de machismo estrutural, o que me resta então?". A boa notícia é que hoje podemos contar, de modo mais abrangente e acessível, com a psicologia. A psicologia, para além de uma ferramenta poderosa, é uma ciência que estuda a mente e o comportamento e que ajuda as pessoas a compreenderem quais os processos mentais que desencadeiam comportamentos e reações negativas na própria vida.

Se não podemos mudar o mundo "fora", é possível mudar o nosso mundo de dentro, de modo a nos fortalecermos para enfrentar os desafios que não podemos diariamente mudar. Assim, a psicologia ajuda a pessoa a sair do lugar de "vítima" — no qual é refém dos acontecimentos externos e acha que não existe outra possibilidade, caminho e mudança — e dá a ela o poder de atuar para transformar sua realidade naquilo que está a seu alcance e tomar as rédeas da própria vida.

E é isso que vou mostrar para você.

Suas crenças definem quem você é e poderá ser

> *"Se você pensa que pode ou se pensa*
> *que não pode, de qualquer forma*
> *você está certo."* — Henry Ford[41]

Existem várias correntes na psicologia. Particularmente, eu me identifico mais com a Terapia Cognitivo-Comportamental (TCC), que é a vertente da psicologia que busca compreender quais os processos mentais disfuncionais que estão desencadeando reações e comportamentos negativos. A TCC é embasada por evidências científicas e os seus efeitos são comprovados por estudos desenvolvidos pelo Dr. Aaron Beck da Universidade da Pennsylvania e seus colaboradores. É na TCC que fundamento o método ALTA para ajudar mulheres a quebrarem padrões disfuncionais e a se fortalecerem para conciliar carreira com maternidade.

De acordo com a terapia cognitivo-comportamental,[42] existem três níveis de crenças: as crenças centrais, as crenças intermediárias e os pensamentos automáticos. Esses fatores formam o modelo cognitivo que desencadeia emoções e respostas comportamentais do indivíduo. Em outras palavras, não é a situação por si só que determina o que uma pessoa sente, mas como ela interpreta aquela situação.

Por exemplo, quando você se vê em um engarrafamento, o que você pensa e o que sente? Existem aquelas pessoas que estão presas, perdendo tempo, sentem um desconforto enorme, xingam, ficam

66 nervosas, buzinam e tentam mudar de faixa a cada oportunidade para avançar o mais rápido possível no trânsito. Por outro lado, há pessoas que pensam que engarrafamentos podem acontecer, se dão conta de que aquilo está fora do controle delas e simplesmente buscam maneiras de aproveitar aquele momento, seja ouvindo música, cantando alto ou falando com pessoas ao telefone. A situação é a mesma, mas as interpretações e as reações desencadeadas são totalmente distintas. Qual dessas pessoas você acha que estava sofrendo mais com a situação? Decerto o primeiro tipo.

Vamos mergulhar nos diferentes tipos de crenças para aprofundarmos no tema:

1. As **crenças centrais** são, via de regra, percepções globais, generalizadas e rígidas sobre si mesmo, sobre o mundo e sobre o futuro, normalmente desenvolvidas na infância, por meio de interações com pessoas significativas, tipicamente cuidadores e família, e de experiências da vida que reforçam essa ideia,[43] por exemplo: "Sou incompetente".

2. As **crenças intermediárias** são regras, atitudes ou suposições, que na maioria das vezes oferecem apoio às crenças centrais com as quais apresentam relação, por exemplo: "Se não recebo uma oferta de promoção, é porque não tenho competência para assumir mais responsabilidades".

3. Já os **pensamentos automáticos** são a camada mais superficial da cognição do indivíduo e ocorrem de maneira rápida e subjacente ao processamento consciente, por exemplo: "Nem vale a pena expor meu trabalho para a liderança da empresa. Não está bom o suficiente".

Essas crenças podem assumir um caráter disfuncional ou negativo, isto é, quando ativam percepções que não condizem com o contexto e as evidências da realidade, elas podem causar sofrimento psíquico.[44] Nesse contexto, as crenças centrais negativas se manifestam nas seguintes categorias: **1) desamparo** (sentimento de incompetência, incapacidade, inferioridade), **2) desamor** (desmerecimento de amor dos outros, rejeição) e **3) desvalorização** (sentimento de falta de valor, derrota, não merecimento).[45] Outro conceito importante é o das estratégias compensatórias, que retroalimentam o sistema de crenças do indivíduo.

Você pode estar achando tudo muito técnico e complicado, mas estou apenas elucidando que o modo como pensamos e tomamos decisões nem sempre está, de maneira consciente, sob nosso controle. Muitas vezes, nossas crenças e convicções podem estar no controle, determinando por meio de gatilhos mentais o que somos, o que pensamos, como nos comportamos e o que nos tornaremos, quase que de modo automático.

A mulher apenas conquistou o direito de frequentar o ensino superior há pouco mais de um século. Há menos de um século, ela conquistou o direito de votar. Até a década de 1960, a mulher precisava da aprovação de seu marido para trabalhar fora. Então, por todos esses fatores históricos e sociais, não é incomum ela se sentir menos merecedora de ocupar esses espaços ou pensar que não tem autonomia para tomar essas decisões de vida. Tudo isso poderia contribuir para a formação de uma *crença central de desamparo*.

Somente em 1977, as mulheres tiveram o direito de se divorciar, o que antes as levava a pensar que tinham de se subjugar a qualquer tipo de relacionamento com o marido, já que não tinham a opção de sair dele. Há menos de duas décadas, elas foram protegidas por lei contra a violência doméstica, o que podia levá-las a pensar que não mandam no próprio corpo. E apenas em 2015, elas passaram a ser protegidas pela lei do feminicídio. Mesmo que inconscientemente, todos esses fatos podem ter contribuído para que muitas mulheres tenham desenvolvido e perpetuado por gerações *crenças centrais de desamor*.

Há pouco mais de meio século apenas, mulheres viram a aprovação de igualdade salarial entre homens e mulheres. Somente em 1988 elas viram que poderiam ter direitos iguais aos dos homens, por meio da nova constituição lançada naquele ano. Mesmo que essas aprovações tenham ocorrido há um tempo, elas ainda enfrentam muita desigualdade na prática do mercado de trabalho. Não é raro constatar que esses fatos as levem a pensar que seu trabalho vale menos que o dos homens, o que caracterizaria uma *crença central de desvalorização*.

Apesar de não ser culpa nossa toda a formação e a perpetuação do machismo estrutural, ou até mesmo não ser nossa culpa estarmos limitadas por nossas crenças – algumas, inclusive, de que sequer nos damos conta ainda –, nem tampouco parecer que estamos no controle de muitas situações que acontecem na nossa vida, existe uma esperança. Por meio de um trabalho de autoconhecimento com a ajuda da psicologia, podemos descobrir o que está ao nosso alcance e assumir o controle das nossas escolhas. Com o aprofundamento que proponho e a abertura de consciência que eu mesma vivenciei e com a qual ajudei outras mulheres a se reposicionarem, desenvolvi o método ALTA, para ajudar e transformar vidas e reparar os danos causados por séculos de inferiorização da mulher na sociedade.

É uma abordagem que apresenta uma nova perspectiva de mudança, de controle e de esperança. Traz a possibilidade de transformar o que muitas vezes parece "impossível" em totalmente possível. É aquele sopro de coragem que faltava para sabermos que podemos mudar nosso destino e que, por mais que soframos impactos e lidemos com desafios impostos pelo sistema consolidado pelo machismo estrutural, nossa realização depende primeiramente de nós. Nós podemos ir além, por mais que tentem nos fazer acreditar no contrário. E o melhor de tudo, podemos ir acompanhadas, juntas, nessa missão que empodera, capacita e impulsiona mulheres que querem fazer história e se tornarem mães na liderança.

Com base na minha experiência trabalhando com mulheres, as crenças centrais disfuncionais mais comuns para elas são:

1. Eu sou incompetente/impostora.
2. Sou incapaz de ser amada.
3. Não tenho valor.

A terapia cognitivo-comportamental prevê a atenuação de crenças centrais disfuncionais, bem como a construção e potencialização de crenças funcionais.[46] Funciona da seguinte maneira: primeiro, é preciso investigar os pensamentos automáticos, aqueles que estão na superfície da mente da pessoa. Após essa identificação, ela é convidada a avaliar a validade desses pensamentos automáticos, com base em fatos e evidências. Surge, então, a oportunidade de corrigir interpretações equivocadas sobre uma situação e, com isso, a pessoa percebe melhoras significativas em queixas antes apresentadas. Resumindo: quando refletimos sobre os nossos pensamentos disfuncionais, conseguimos modificar emoções, comportamentos e reações fisiológicas negativas.[47]

Para exemplificar o que estamos discutindo, proponho um exercício baseado na ferramenta clínica da TCC. Vamos retomar três tipos de mulheres sobre as quais falamos no capítulo anterior: a mulher refém, a mulher devedora e a mãe na liderança. Nosso objetivo será conceitualizar o modelo cognitivo dessas mulheres na tentativa de elucidar que tipos de crenças e pensamentos regem seus sentimentos, comportamentos e suas escolhas em determinadas situações.

1. Modelo cognitivo da mulher refém

Comportamentos: Camila está acomodada em seu trabalho atual, ainda que não goste dele, e espera por um milagre que mude sua situação atual.

Emoção: Frustração, descontentamento.

Pensamentos automáticos: *Eu não sou capaz de conseguir um emprego que garanta o sustento da minha família e, ao mesmo tempo, me traga felicidade.*

Situação: Mãe solo e mora longe da família de origem.

Estratégias compensatórias: Aposta na loteria e em jogos de azar. Não pede ajuda. Se mantém apática e acomodada.

Crenças intermediárias: *Eu não consigo fazer nada para mudar minha situação. Eu não mereço ter uma vida melhor. Tenho de me conformar com o que o destino me reservar.*

Crença central: *Eu não tenho valor.*

Fatos e dados relevantes da infância: Camila era a mais nova de três irmãos, filhos de um casal humilde do interior de São Paulo. Única filha menina, cresceu ouvindo de seus pais que lugar de mulher era em casa, cuidando de comida, roupas e filhos. Nunca recebeu incentivo para estudar além do Ensino Médio. Ao mesmo tempo, via como os pais apoiavam seus irmãos para que trabalhassem e conquistassem um padrão de vida melhor do que o que eles podiam proporcionar. Sentia-se mal ao ver como o pai tratava a mãe como uma serva, cujo único valor estava em dar conta dos afazeres domésticos.

É na TCC que fundamento o método ALTA para ajudar mulheres a quebrarem padrões disfuncionais e a se fortalecerem para conciliar carreira com maternidade.

@maesnalideranca

2. Modelo cognitivo da mulher devedora

Comportamentos: Flávia tem dificuldade de dizer não e acaba se sobrecarregando no trabalho e em casa, tentando corresponder às expectativas alheias. Demora para aceitar ações de reconhecimento na sua carreira.

Emoção: Medo, insegurança, culpa.

Pensamentos automáticos: *Eu não sou uma profissional competente. Sou insuficiente como mãe e profissional. Meu filho merecia uma mãe mais presente e participativa.*

Situação: Uma oferta de promoção no trabalho.

Estratégias compensatórias: Perfeccionismo – desenvolve padrões e metas inalcançáveis no trabalho e na maternidade.

Crenças intermediárias: *Eu deveria ser excelente em tudo o que faço. Eu não mereço ter sucesso. Vão descobrir que eu sou uma farsa.*

Crença central: *Eu sou incapaz, não sou suficientemente boa.*

Fatos e dados relevantes da infância: Flávia era filha de mãe professora e pai pesquisador, ambos muito batalhadores, porém frustrados por estarem insatisfeitos com o retorno financeiro do trabalho. Quando criança, Flávia tinha bastante dificuldade na escola, principalmente nos exercícios de redação e interpretação de texto. Ela estudava na mesma escola em que a mãe trabalhava e esta queria que a filha fosse uma aluna exemplar. Quando se sentava para fazer o dever de casa, ouvia de seus pais como era "burra" e, por vezes, ficava de castigo por não conseguir corresponder às expectativas deles em relação aos seus resultados nas provas da escola. Cresceu em um ambiente de cobranças, em que os pais exigiam que ela apresentasse resultados acima das suas capacidades cognitivas e emocionais na infância. Além disso, não tinha seus feitos reconhecidos e validados enquanto criança, o que lhe reforçava o sentimento de estar sempre em dívida.

3. Modelo cognitivo da mãe na liderança

Comportamentos: De modo incansável, Patrícia buscou soluções e estabeleceu parcerias, até criar uma alternativa viável que atendesse as necessidades especiais de ensino para seu filho.

Emoção: Coragem, confiança, resiliência perante os desafios e dificuldades.

Pensamentos automáticos: *Eu vou dar um jeito de consertar isso. Sei que, se eu correr atrás, vou conseguir achar uma solução viável para esse problema.*

Situação: Falta de opção de ensino que atenda as necessidades especiais do filho.

Estratégias compensatórias: Fazer o melhor em todos os seus papéis. Trabalhar duro. Descansar pouco.

Crenças intermediárias: *Se eu trabalhar duro, posso ter sucesso. Devo sempre me esforçar ao máximo para alcançar os resultados que desejo.*

Crença central: *Eu consigo, mesmo nas adversidades.*

Fatos e dados relevantes da infância: Patrícia cresceu em uma família de atletas. Seu pai era treinador de basquete, e ela joga vôlei desde criança. Chegou a atuar profissionalmente quando adolescente e ganhou vários campeonatos. Seu desempenho no esporte a destacava entre as amigas e colegas de escola. Recebeu muito apoio dos pais, que lhe diziam ter muito orgulho dela e lhe faziam acreditar que, com muito treino e disciplina, poderia conquistar o que quisesse na vida.

74

Esses exemplos ilustram como as crenças centrais que criamos na infância e fortalecemos ao longo da nossa vida influenciam a maneira como vamos pensar, sentir e agir frente aos desafios em nossa trajetória. Crenças centrais negativas levam a comportamentos disfuncionais, que podem gerar sentimento de culpa, frustração e paralisação.

Compartilho a seguir exemplos de crenças disfuncionais mais comuns apresentadas por mulheres que buscam conciliar carreira e maternidade. Crenças que tornam ainda mais difícil e, em alguns casos, até mesmo impossível, exercer os dois papéis.

Crenças disfuncionais sobre trabalho e sucesso:

1. Dinheiro não traz felicidade.
2. Não tenho competência para ocupar posições de destaque e liderança.
3. Não dou conta de assumir cargos mais altos no trabalho.
4. Posições de destaque requerem abrir mão da família.
5. Se eu tiver muito sucesso, vou perder minha essência.
6. Se eu for bem-sucedida, não terei tempo para mais nada na vida.
7. Só sobe na carreira quem nasce em berço de ouro ou quem faz parte de panelinhas.
8. Apenas trabalhando duro serei reconhecida.
9. Eu preciso ser sempre solícita e dizer sim para demandas para que gostem do meu trabalho.
10. Dentro de um relacionamento, a carreira do homem tem prioridade sobre a carreira da mulher.

Crenças disfuncionais sobre a maternidade:

1. Não vou ter tempo para cuidar de mim após me tornar mãe.
2. Você tem que escolher entre ser uma boa mãe ou uma profissional bem-sucedida.
3. A maternidade atrapalha a progressão de carreira da mulher.
4. Não é possível criar filhos com apego trabalhando fora.
5. Meu filho vai me amar menos se eu não estiver totalmente disponível para ele.

6. Só eu sou capaz de cuidar bem da minha filha.
7. Contar com rede de apoio é terceirizar os cuidados com os meus filhos – preciso estar sempre na linha de frente para que tudo dê certo.
8. Para ser uma boa mãe, preciso eu mesma dar conta das necessidades do meu filho, sem ajuda.
9. A maternidade tem de ser o papel principal da vida da mulher.
10. Dedicar-se aos cuidados dos filhos e da casa não tem valor, já que são atividades não remuneradas.

Agora eu pergunto a você: com quantas dessas crenças você se identificou? Que impactos elas têm trazido para a sua vida? A mulher foi posta em segundo plano por milhares de anos e, por isso, é muito difícil que ela se veja em posições de poder ou acredite que consiga ou mereça liderar, quando o principal papel esperado dela é o de cuidadora. Precisamos mudar esse cenário, caso contrário, vamos pagar o preço dessa defasagem por pelo menos mais 132 anos até alcançarmos equidade de oportunidades.[48]

É fundamental refletirmos sobre quais crenças têm guiado os nossos comportamentos e desconstruirmos aquelas que nos são disfuncionais. Sei que é uma tarefa difícil, mas também sei que é possível. Existem mães na liderança que têm clareza de seus potenciais, não se conformam em viver nas sombras de limites impostos a elas por terceiros, quebram paradigmas e rompem padrões sociais e culturais ao liderarem verdadeiras transformações através de seus talentos profissionais. São exceções, infelizmente. Mas a minha luta é para que mães na liderança deixem de ser exceções na nossa sociedade e sejam uma decisão viável para todas as mulheres.

"Finalmente, ele poderá contemplar o sol, não o seu reflexo nas águas ou em outra superfície lisa, mas o próprio sol, no lugar do sol, o sol tal como é." (Sócrates, em "Alegoria da caverna")[49]

Capítulo 4

Mães na liderança transformam o mundo

Quando dão à luz uma criança ou lideram revoluções porque estão conectadas ao seu "instinto" maternal e seus talentos, mães demonstram o potencial de transformação que carregam dentro de si. No mundo ideal, teríamos equidade de gênero e oportunidades. No mundo ideal, teríamos equidade salarial e benefícios como políticas públicas e privadas que garantiriam às mães mais tempo de licença-maternidade, além de parceiros comprometidos a compartilhar de modo mais equilibrado os cuidados dos filhos e da casa e, é claro, as redes de apoio seriam capazes de evitar qualquer tipo de sobrecarga.

Infelizmente, estamos longe desse cenário e é por isso que precisamos ajudar as mulheres a ressignificarem os diferentes papéis que ocupam, a desconstruírem crenças disfuncionais e a se libertarem da culpa que foi imposta a elas, encorajando-as a assumirem posições de poder, mantendo-se conectadas emocionalmente aos filhos para que liderem a transformação que o mundo precisa e deixem legados, sempre entendendo e reconhecendo que elas foram feitas reféns por anos de desigualdades.

Isso é possível. Há histórias inspiradoras de mulheres, mães, que revolucionaram os setores profissionais em que atuam. Trago aqui recortes de histórias de vida de algumas mulheres reais, seres humanos que, como quaisquer outros, erram e acertam, e que me inspiraram em algum ponto da minha trajetória, seja pessoal ou profissional. Elas decidiram não seguir o senso comum e subverteram o padrão ao assumirem as rédeas da própria vida como resultado de um processo de desenvolvimento pessoal. Essa era a única opção plausível a elas para colocarem o propósito de sua vida em prática. E, uma vez que o fizeram, desencadearam uma verdadeira revolução nos seus campos de atuação, beneficiando não apenas a elas mesmas, mas a muitas outras pessoas de seu meio.

É verdade que existem muitas distrações para você terceirizar a responsabilidade do que não está dando certo na sua vida. Pode ser o seu cônjuge, uma história de vida difícil, poucos recursos, falta de apoio, entre outros. Mas garanto a você: a passarela que a levará dos bastidores a viver no palco da própria vida está nas suas mãos, na sua mente e no seu coração. E você pode acessá-la a qualquer momento. É questão de decisão, passos firmes e resiliência. É óbvio, o método ALTA a guiará nessa jornada. Só existe uma forma de fazer uma revolução: sendo nós mesmas a própria revolução.

Rosely e o setor literário

> *"Força, dignidade e determinação."*

Rosely Boschini nasceu em Santos, São Paulo, foi a terceira filha e única mulher entre quatro irmãos. Fez história ao se tornar a primeira mulher a ocupar o cargo de presidente da Câmara Brasileira do Livro, que liderou por dois mandatos consecutivos. Hoje é CEO da Editora Gente, uma das melhores editoras do país, campeã em lançamentos de livros best-sellers. Além de estar à frente da editora, atua como palestrante e mentora de autores. É casada com Carlos e mãe de três filhos: Giuliana, Luisa e Pedro.

A paixão de Rosely por livros começou na sua infância e foi diretamente influenciada por sua mãe – dona Benedita – que foi uma figura feminina muito forte em sua vida e lhe ensinou o valor do trabalho. Apesar de ter nascido em uma cultura em que mulheres eram coadjuvantes, sua mãe trabalhou como empregada em casa de colonos dos 8 aos 18 anos, quando teve coragem de sair para trabalhar na cidade de São Paulo como empregada doméstica.[50]

Ainda que a família tivesse uma vida simples e contasse com poucos recursos financeiros, a compra de livros para os quatro filhos sempre foi prioridade para a mãe, que acreditava que a educação lhes traria melhores oportunidades e um padrão de vida melhor do que podia oferecer a eles.[51] Mesmo sem saber ler, considerava os livros como portais de evolução pessoal e profissional.[52]

Invertendo o padrão das famílias tradicionais, em que normalmente pais leem livros para os filhos pequenos, Rosely e os irmãos eram quem liam os livros que recebiam da mãe e contavam para ela as histórias que descobriam.[53] Com uma criação rígida na infância, os livros ajudaram Rosely a conhecer o mundo e a transformar a própria vida e tantas outras.[54]

Por meio do afeto, Rosely e seus irmãos desenvolveram profundo gosto pela leitura, o que futuramente também influenciou em seus caminhos profissionais. Um exemplo disso é seu irmão mais velho, Roberto Shinyashiki, que fundou a Editora Gente em 1984 e lançou seu primeiro livro, *Carícia essencial*, que ficou por dez anos na lista de livros mais vendidos.[55] Seu irmão Eduardo também é escritor de best-sellers.

Rosely iniciou a carreira como arquiteta, liderando times de operários para executarem obras de construção.[56] Após um ano e meio da criação da Editora Gente, seu irmão Roberto a convidou para integrar a editora, principalmente para apoiar na área comercial.[57] Após ajustar o modelo de contratação e ampliar canais de distribuição, ela conseguiu contribuir para tirar a empresa do negativo. Foi enquanto Roberto escrevia seu segundo livro, *Amar pode dar certo*, que Rosely passou a atuar na área editorial e o apoiou no lançamento da obra.[58]

Apesar de gostar de arquitetura, foi trabalhando com autores e seus livros que Rosely percebeu que estava atuando com sua paixão e seu propósito, alcançando resultados que realmente fazem a diferença.[59] De modo a profissionalizar ainda mais sua abordagem editorial, decidiu estudar roteiro de cinema para ajudar seus autores a escrever livros e a prender a atenção dos leitores, por meio de uma experiência agradável, do início ao fim.[60] Após se destacar por publicar grandes sucessos, como Paulo Vieira, Samuel Pereira, entre outros, Rosely foi movida pelo sonho de expandir sua expertise e metodologia para escrever livros de impacto para que mais profissionais compartilhassem seus conhecimentos e transformassem vidas de milhões de pessoas.[61]

Após anos de experiência de mentorias individuais com autores, ela viu sua agenda lotar, seu tempo se tornar escasso, limitando bastante a quantidade de profissionais que poderia apoiar.[62]

Depois de diferentes tentativas, parcerias, erros e acertos, nasceu a Imersão Best-Seller, um programa de mentoria para novos autores, no qual Rosely e seu time desenvolvem com os participantes o passo a passo do método que reúne mais de trinta e cinco anos de experiência no mercado editorial e que levou a Editora Gente à organização que mais publica best-sellers no país. Tenho a honra e o privilégio de ter participado dessa imersão que, ao longo dos quatro dias de programa, ajuda os profissionais a se conectarem com seus propósitos, suas paixões e suas indignações, compartilharem seus conhecimentos e sua experiência de maneira efetiva, se posicionarem de maneira única, alavancarem suas carreiras e se tornarem referência nos seus campos de atuação ao escreverem e lançarem seus livros.[63]

Sob a liderança de Rosely, a Editora Gente apresenta resultados muito expressivos, se destacando em relação ao mercado. Ainda assim, durante a pandemia de covid-19, em 2020, Rosely e seu time precisaram se reinventar. Com todas as restrições impostas pelo isolamento social, precisaram investir pesado nas estratégias digitais. Como resultado, a empresa cresceu 20%, indo na contramão do setor, que teve prejuízos no mesmo período.[64]

Com a história desafiadora de sua família de origem, Rosely aprendeu a ter força, dignidade e determinação.[65] Ela acredita que a vida apresenta, sim, dificuldades, mas o que realmente importa é a maneira como cada um decide vivê-la.[66] E decidiu ser feliz e ter sempre um sorriso no rosto. Rosely conseguiu transformar o afeto de sua família e paixão pelos livros em uma carreira bem-sucedida.

Rosely reconhece que o autoconhecimento é a primeira revolução que devemos promover se quisermos mudar o mundo ao nosso redor. Acredita que o autoconhecimento consiste em reciclar o lixo que há dentro de si, entrando em contato com emoções, pensamentos e sentimentos, inovando de dentro para fora, com autonomia sobre ações e consciência sobre o nosso papel dentro da sociedade e do ambiente em que vivemos.[67] Outra característica valorizada por Rosely é a resiliência, algo que acredita que deve ser aprendido diariamente. Trata-se da atitude que escolhemos ter diante de situações desafiadoras, imprevistos que nos trazem também a possibilidade de experimentar novas vitórias.[68]

Entende, também, que seus três filhos a tornaram uma mãe, uma profissional e uma cidadã ainda mais interessada em criar um mundo melhor.[69] Trabalha muito, mas também se faz muito presente em sua família, com filhos e netos. E tem neles a fonte de energia e inspiração para superar desafios na sua jornada.[70]

Rachel e o setor de luxo

"Sonhar, planejar e realizar."

Rachel Maia nasceu na periferia da Zona Sul de São Paulo, em uma família humilde, grande e festeira, na qual foi a caçula de sete irmãos. Construiu uma carreira bem-sucedida em empresas globais do mercado de luxo, como Tiffany & Co, Pandora e Lacoste. Foi a primeira mulher negra a assumir a posição de Chief Executive Officer (CEO) no Brasil e passou a representar 0,4% da população de mulheres negras em posição de presidência das empresas de grande porte no país.[71]

Rachel é fundadora e CEO da consultoria RMConsulting, na qual presta consultoria em liderança, varejo, diversidade e inclusão. Também é conselheira administrativa da Vale, Banco do Brasil, CVC e Grupo Soma, além de ser presidente do conselho consultivo da Unicef. Ela faz parte do conselho geral do Consulado Dinamarquês e da Câmara de Comércio Dinamarquesa, bem como do comitê do presidente da Câmara de Americana de Comércio, do Instituto para Desenvolvimento do Varejo, do Grupo Mulheres do Brasil e do Conselho de Desenvolvimento Econômico e Social.[72] É mãe de Sarah Maria e de Pedro Antônio.

Na sua infância, os recursos da família eram limitados. Nos fins de semana, dividiam um galeto entre dez pessoas. No entanto, valores importantes de vida nunca faltaram. Os valores que herdou de sua família levaram Rachel a acreditar na educação como um modo de transformação do mundo e uma maneira humana e profícua para atingir sucesso na carreira. Aprendeu com o pai que os estudos e a preparação são fundamentais, e com a mãe, que a coragem e a sensibilidade a levariam longe.[73] Seus pais exigiam esforço, dedicação e empenho dos filhos, ao mesmo tempo que incentivavam bastante os estudos. Com os pais, também aprendeu a dividir, a dar valor a tudo que conquistava ou ganhava, além de entender a importância de sempre olhar para a frente com otimismo.[74] As mulheres de sua família também lhe ensinaram a nunca se sentir inferior a um homem. E essa foi uma lição de empoderamento que levou para a vida.[75]

Estudou a vida inteira em escola pública e não tinha planos de cursar faculdade. Por influência do pai, que era engenheiro de voo da Viação Aérea São Paulo (Vasp), Rachel sonhava em se tornar comissária de bordo. Chegou a se formar e tirar licença de voo, mas não conseguiu seguir na carreira, pois o pai, que era muito rigoroso, exigiu que ela se formasse em uma faculdade enquanto morasse debaixo de seu teto.[76] Mesmo contrariada, Rachel ingressou no curso de Ciências Contábeis. Para sua surpresa, gostou bastante da área e do ambiente de interação social que lá encontrou. Buscou, desde cedo, trabalhar. Foi monitora de escola, estagiária de banco, trabalhou no escritório de contabilidade onde também atuava seu irmão mais velho, que a inspirou a se tornar contadora.[77]

Após se formar, correu atrás de oportunidades e, em 1991, conseguiu uma posição na contabilidade da 7-Eleven, rede de lojas de conveniência norte-americana. Foi lá que sentiu na pele os desafios de não saber falar inglês. Quando a empresa encerrou atividades no Brasil, Rachel juntou suas verbas rescisórias e decidiu, então, que precisava morar um tempo no Canadá a fim de dominar o idioma. Encontrou dificuldade para convencer o pai a permitir que ela vivesse no exterior, mas se manteve firme em seu propósito e o objetivo de se preparar para o futuro profissional o fez ceder.[78]

Quando retornou do Canadá, assumiu cargo de gerência na empresa farmacêutica Novartis. Depois disso, em 2001, ingressou no mercado de luxo ao ser contratada pela Tiffany's como *Chief Financial Officer* (CFO), o cargo mais elevado do setor financeiro. Em 2009, assumiu como CEO da Pandora no Brasil, onde foi fundamental para o processo de expansão da marca no país. Entre 2018 e 2020, atuou como CEO da Lacoste Brasil.[79]

Rachel tem como lema "sonhar, planejar e realizar".[80] Entende que foram os sonhos que a trouxeram até sua posição de destaque atual. Ela planejou seus objetivos e praticou muito a resiliência para concretizá-los, afinal, sua trajetória foi bastante desafiadora. E tem a certeza de que os tombos a fortaleceram e forçaram a reavaliar a estratégia para atingir suas metas. Não se via representada nos meios onde circulava e, muitas vezes, sentiu olhares de incômodo em relação à sua presença, como se estivessem enviando sinal de que aqueles lugares não pertenciam a pessoas como ela: mulher, preta, da periferia.[81] Tem hoje como desafio de vida colaborar para tornar o meio corporativo mais diverso e equânime, com mais representatividade na liderança.[82]

Rachel tem paixão por desenvolver pessoas, dentro e fora do meio profissional. Sente satisfação em detectar talentos diversos e desenvolvê-los. Muito engajada em causas para promoção da diversidade e equidade de raças e gêneros, ela fundou, em 2017, em colaboração com a pedagoga Márcia Maia, a ONG Capacita-me, que se dedica a criar condições para a inclusão de pessoas em situação de vulnerabilidade socioeconômica no mercado de trabalho. Rachel acredita que, por meio da educação, uma sociedade mais justa, um país melhor e, consequentemente, um mundo melhor são possíveis. O projeto Capacita-me inclui em sua fórmula de sucesso a soma entre educação e empregabilidade, e já transformou muitas vidas pelo Brasil.[83]

Rachel inspira muitas mulheres a conquistarem espaços de poder dominados por homens. E seu reconhecimento não veio gratuitamente. Seu caminho foi marcado por coragem, empoderamento e protagonismo. Ser pioneira, assumir riscos e abrir caminho para outras mulheres negras não foi tão simples. Soube investir em si mesma, em seu desenvolvimento e acreditou que era capaz de ocupar os espaços que desejava.[84]

No que diz respeito à maternidade, Rachel acredita que esse é um dos pilares que transformam uma pessoa para melhor. Ela relata que foi surpreendida com a gravidez de sua filha Sarah quando estava há apenas oito meses à frente da Pandora. Desesperou-se porque pensava que não conseguiria dar conta de ser executiva e mãe. Quase se sabotou ao pensar em pedir as contas e desistir.[85] Chegou a ensaiar o discurso de pedido de demissão ao chefe, mas, quando foi conversar com ele, percebeu que tinha ali um aliado. Sua rede de apoio foi fundamental para que ela enfrentasse os desafios da maternidade solo, além dos preconceitos e das cobranças sociais sobre a mãe.[86]

A passarela que a levará dos bastidores a viver no palco da própria vida está nas suas mãos, na sua mente e no seu coração.

@maesnalideranca

Percebeu que precisava tomar as rédeas de sua maternidade, que tudo dependeria de suas escolhas. Como amamentar era uma prioridade, montou um esquema com a babá de sua filha, para que levasse a bebê até o escritório para mamar e, quando não era possível, ela retirava e estocava o leite.[87] Seu segundo filho, Pedro Antônio, chegou por meio de um processo muito esperado de adoção, para completar e transbordar o amor na família.[88]

Rachel se dedica ao máximo ao papel que está exercendo naquele momento. Vive uma maternidade baseada nas escolhas e prioridades de sua vida. "O que você decidir ser, seja de forma plena. Quando sou mãe, sou de forma plena e, quando sou a presidente, também é assim", comentou.[89]

Cristina e o setor financeiro

> *"É fundamental fazer o que precisa*
> *ser feito, mesmo que seja difícil e*
> *que não tenha vontade."*

Cristina (Cris) Junqueira é natural de Ribeirão Preto, São Paulo, formada em Engenharia de Produção, cofundadora e atual CEO de um dos maiores bancos digitais do mundo, o Nubank. Ela iniciou a carreira como consultora estratégica de negócios e, após realizar um MBA nos Estados Unidos, ingressou no mercado financeiro, mais especificamente no Banco Itaú, onde ocupou posições executivas.[90]

Incomodada com a complexidade das operações dos bancos tradicionais, com as altas taxas das atividades bancárias cobradas aos clientes pelo serviço e atendimento prestados, tentou inovar no Itaú, mas teve as tentativas frustradas. Com isso, esperou receber aquele que foi o seu maior bônus até então e tomou a decisão, mesmo que difícil, de pedir demissão e refletir sobre os próximos passos de sua carreira. Após ler livros e estudar, resolveu acionar sua rede de contatos. Foi em uma dessas conexões que percebeu que sua visão de negócio se alinhava com a de um de seus futuros sócios, o colombiano Velez, que acreditava no digital para transformar o segmento financeiro.[91]

O Nubank foi fundado em 2013 como uma startup financeira — fintech — brasileira. Surgiu da visão de seus fundadores de se contrapor às altas tarifas bancárias cobradas no Brasil e o objetivo de devolver às pessoas o controle sobre a sua vida financeira por meio de soluções simples e nada burocráticas. Por conta de suas vantagens em relação aos bancos tradicionais, concorrentes da fintech, como isenção de taxas de manutenção e serviço de qualidade ao cliente, o banco digital quebrou paradigmas do mercado financeiro, cresceu de maneira rápida e conquistou lugar de destaque no Brasil.[92]

O Nubank ainda recebeu aportes ao longo dos anos, como o cheque de meio bilhão de dólares que recebeu de Warren Buffett, um dos investidores mais importantes do mercado financeiro global. Em 2019, Cristina iniciou a internacionalização do banco e hoje a empresa conta com mais de 7 mil colaboradores, mais de 48 milhões de clientes no Brasil, México e Colômbia, além de contar com escritórios na Alemanha e nos Estados Unidos.[93]

Em 2020, Cristina Junqueira foi a única brasileira a figurar na lista "Fortune 40 under 40", um dos principais reconhecimentos do mundo dos negócios. Em março de 2021, a revista britânica *FinTech Magazine* elegeu-a como a segunda mulher mais importante do mundo no universo das fintechs.[94]

Em 2021, o Nubank foi a única empresa latino-americana a ser reconhecida pela CNBC (Consumer News and Business Channel, em inglês) na 9ª edição da Disruptor 50, lista mundial de empresas privadas transformando a economia e a vida das pessoas.[95] Nesse mesmo ano, entrou para a lista *Time* das cem empresas mais influentes do mundo.[96] Em dezembro de 2021, o Nubank abriu capital na bolsa de valores de Nova York, quando a empresa chegou a ser avaliada em 41,5 bilhões de dólares. Esse movimento levou Cristina, aos 37 anos e no oitavo mês da terceira gestação, a se tornar a segunda mulher mais rica do país, tendo construído o próprio patrimônio, com 1,3 bilhão de dólares, atrás apenas de Luiza Helena Trajano, da varejista Magazine Luiza.[97]

Cristina decidiu não abrir mão nem de sua vida pessoal, nem da profissional. Conciliou o crescimento do Nubank com o crescimento da própria família. Em 2014, enquanto captava investidores para seu negócio, ela precisou viajar para os Estados Unidos quando estava no sétimo mês de gestação de sua primeira filha, Alice.[98] Como foi o mesmo ano da criação do banco, Cris teve que se dedicar até o último minuto antes do nascimento de sua bebê.[99] Sua segunda filha, Bella, nasceu no período de expansão do Nubank[100] e quatro dias após sua mãe ser fotografada, com quarenta semanas de gravidez, para a capa icônica da *Forbes*, ilustrando matéria sobre as mulheres mais influentes do Brasil em 2020.[101] E Anna, sua filha mais nova, nasceu em um dos períodos mais desafiadores da carreira de sua mãe: durante a abertura de capital da empresa na bolsa de valores de Nova York.[102]

Conforme compartilhou em seu perfil no Instagram, Cristina acredita que, na sua trajetória, para que superasse todas as dificuldades com as quais se deparou, foi fundamental ter clareza de quem era, do papel da sua família, de construir uma base forte com seu marido e com suas filhas.[103] Em um setor predominantemente masculino, Cris quase sempre foi a única mulher nos ambientes por onde transitava, desde a faculdade aos bancos em que trabalhou. Ela conta que nunca teve líderes mulheres em quem pudesse se espelhar.[104]

Segue movida pelo propósito de construir um mundo onde suas três filhas possam sonhar com o que quiserem. E, para que seja possível sonhar, é preciso que elas vejam exemplos de outras mulheres ocupando diferentes espaços na sociedade, referências femininas para verem que é possível chegar lá e despertar interesse.[105,106] Dentro do Nubank, promove ações para garantir diversidade nas posições de liderança, incluindo programas de incentivo para formação de mulheres nas áreas de finanças e tecnologia.[107]

Outros valores defendidos por Cristina são foco e planejamento. Ela defende que só nós mesmas podemos atuar para alcançarmos nossos objetivos. Precisamos ser intencionais e organizar os passos a serem executados no tempo, fazer escolhas de acordo com nossas prioridades, remover as distrações da nossa frente e nos mantermos conscientes e firmes no nosso propósito de nos tornarmos quem quisermos ser.[108,109] Cris defende, ainda, que é preciso exercitar a gratidão e o hábito de ser feliz com as decisões conscientes que tomamos, apesar das dificuldades enfrentadas.[110]

Cristina acredita que a decisão de carreira mais importante na vida de uma mulher é com quem ela se casa.[111] Em sua visão, casamento é uma decisão de vida de longo prazo e deveria ser mais relevante do que a decisão inicial de carreira. Para ela, é fundamental ter alguém que apoie suas decisões profissionais e que compartilhe de seus valores. É muito mais simples mudar de carreira e seguir novos caminhos profissionais do que terminar um relacionamento, principalmente quando envolve crianças.

Conciliando as prioridades de vida, que são sua família e sua carreira, Cris conseguiu gerar impacto econômico e social bastante positivo e sem precedentes para o Brasil, por causa do seu inconformismo, clareza do valor de seus ideais, foco, estabelecimento de parcerias, vontade de encontrar soluções, tudo isso sem se importar com o grau de dificuldade dos desafios enfrentados.[112]

Luiza e o setor do varejo

*"Você não tem sucesso,
você está com sucesso."*

Luiza Helena Trajano é natural de Franca, no interior de São Paulo, e veio de uma família de mulheres empreendedoras, o que não era algo comum nas décadas de 1940 e 1950. Sua tia, também chamada Luiza, era uma mulher inspiradora e foi para ela uma verdadeira mentora e conselheira. Com 12 anos, Luiza Helena começou a trabalhar nas férias de dezembro no negócio da família e, com 17 anos, já assumiu um cargo na empresa. Muito batalhadora, ela estudava Direito à noite e trabalhava muito durante o dia.

No que se refere à maternidade, Luiza é mãe de três filhos, duas mulheres e um homem. Para ela, o maior sucesso que se pode ter é com os filhos.[113] Ela revela que a mãe a apoiou bastante na maternidade, já que Luiza teve três filhos em três anos e meio. De acordo com a empresária, a principal lição que a maternidade lhe trouxe foi saber conviver constantemente com a sua impotência. Constatou que não existe receita de sucesso para a maternidade e, com isso, tem orgulho em dizer que não carrega culpa materna.

Mesmo em um mundo de negócios dominado por homens, Luiza conseguiu transformar aquela que iniciou como loja única em 1957, em uma gigante do varejo na América Latina, a Magazine Luiza, que hoje tem faturamento de bilhões de reais.[114] Luiza atua como presidente do Conselho Administrativo da rede varejista e seu filho, Frederico Trajano, atua como presidente da empresa.

A empresária já recebeu diversos prêmios nacionais e internacionais pelos resultados excepcionais nos negócios que lidera. Em 2012, estreou no ranking dos bilionários brasileiros, com um patrimônio de R$ 1,19 bilhão. Em 2020, Luiza Helena estreou no ranking *Forbes* das dez mulheres mais ricas do Brasil,[115] com uma fortuna avaliada em R$ 24 bilhões. Em 2021, foi listada pela revista americana *Time* como uma das cem pessoas mais influentes do mundo.[116]

A fórmula de sucesso de Luiza envolve muito trabalho, reinvenção constante, superação de desafios e inovação nos negócios. Tem uma visão realista sobre o empreendedorismo, sabe que precisa lidar com altos e baixos e entende que acertos e erros são parte do processo. Sua máxima é: "Você não tem sucesso, você está com sucesso",[117] o que revela a importância de se manter comprometida em fazer o melhor pelo seu negócio todos os dias. Enxerga o emprego como ferramenta para promover mudança de vida.[118]

Um diferencial de Luiza é o olhar atento ao seu entorno, o que está diretamente conectado com seu propósito de vida: "Eu não abro mão do meu propósito, que é trabalhar o ganha-ganha, trabalhar a desigualdade social, trabalhar a discriminação. Isso foi a vida inteira".[119] Sua influência vai além do mundo dos negócios. Ela promove diversas ações para redução de desigualdades sociais e em prol dos direitos humanos. Um exemplo de suas contribuições sociais e ações para promoção da diversidade e igualdade de oportunidades entre gêneros e raças foi a criação do Grupo Mulheres do Brasil.[120] O que é hoje o maior grupo político suprapartidário do país foi criado em 2013 por quarenta mulheres de diferentes segmentos, sob a presidência de Luiza Helena. Atualmente, conta com mais de 112 mil participantes no Brasil e no exterior, no intuito de garantir direitos iguais, trabalho, segurança, educação e saúde de qualidade para todos.

O grupo criou diferentes comitês, que tratam de temas prioritários para o desenvolvimento do país.[121] Um deles é o de Sustentabilidade, que propõe ações de redução de impactos ao meio ambiente e promove ações para uma sociedade mais justa. Outro comitê é o 60+, cujo objetivo é potencializar políticas públicas para melhorar as estratégias de cuidados, moradia e empregabilidade da população de idosos, que se encontra mais frágil e vulnerável. O comitê "Agronegócio" busca promover a igualdade de gênero no agro, o combate à violência contra a mulher rural e a educação com foco em formação tecnológica.

O comitê Mundo Digital tem como intuito desmistificar a tecnologia, auxiliando na transformação digital e com um olhar cada vez mais humano, que visa o bem comum para toda a sociedade. Grande parte do sucesso na alavancagem dos negócios da Magazine Luiza se deu por meio da inovação digital.[122] Luiza expandiu aquilo que funcionou para os negócios dela e ajudou pequenos empresários a adaptarem seus negócios ao comércio digital como uma forma de apoiá-los a manterem seus empreendimentos durante a recessão causada pela pandemia de covid-19.[123]

No comitê de Igualdade Racial, o grupo atua para aumentar a presença da mulher negra nos espaços de poder da nossa sociedade. Mobilizam líderes de companhias, conectam recrutadores com profissionais, oferecem treinamentos e qualificação de mão de obra e promovem debates sobre o tema da discriminação racial. Uma das iniciativas desse comitê é o Programa Aceleradora de Carreiras, que tem como objetivo aumentar o número de mulheres negras no mercado corporativo e em cargos de liderança. Essa é uma ação social da qual tenho orgulho de participar como mentora para ajudar a acelerar a carreira de jovens negras.

O Grupo Mulheres do Brasil também criou o fundo Dona de Mim, que oferece microcrédito para mulheres empreendedoras individuais, para que iniciem ou mantenham atividades produtivas, garantindo sua fonte de renda. Além disso, lançaram o movimento PULA PRA 50, que tem como objetivo aumentar a representação feminina na política, almejando chegar aos 50% de representatividade. Uma de suas ações envolve uma Carta Compromisso, que consiste em uma assinatura voluntária, em que as candidatas e mandatárias se comprometem com as causas e pautas prioritárias do Grupo Mulheres do Brasil. Hoje mais de 950 mulheres já assinaram a carta.[124]

O exemplo de Luiza nos traz ensinamentos importantes sobre maternidade e carreira. A leveza de abandonar os padrões da maternidade, contar com rede de apoio, reduzir expectativas e se libertar de culpa certamente contribuiu para que Luiza conseguisse também se dedicar aos seus sonhos profissionais. Sua carreira e história de vida nos levam a pensar que o exemplo das mulheres das gerações anteriores a ela e o apoio familiar podem fortalecer a confiança para seguir firme nos planos profissionais.

As histórias de vida dessas mulheres são inspiradoras e nos levam a pensar que é possível conciliar carreira com maternidade e transformar o mundo por meio de nossos talentos e propósitos. Todas elas são dedicadas e comprometidas com o trabalho, assumem riscos e têm coragem para enfrentar desafios, assim como entendem que é natural aprender a partir de erros, nutrindo humildade para se reinventar continuamente e astúcia para formar alianças para alcançar seus objetivos. Essas mulheres são exemplos inspiradores de como mães na liderança podem revolucionar o meio em que atuam ao unir valores, talentos e propósitos de vida.

Os padrões que desvendei das "mães na liderança" são baseados na minha experiência e observação ao longo de quase duas décadas. Tais elementos envolvem desde a concepção que a mulher tem de si mesma até as parcerias que estabelece para viabilizar a concretização de seus objetivos. Você não precisa ter a fama e os resultados financeiros das mulheres sobre as quais discutimos neste capítulo. Existem grandes revoluções que acontecem no anonimato. O meu compromisso é, por meio do meu método, revelar a líder e mãe transformadora que existe em cada mulher que faz a decisão da conciliação: o método ALTA.

Capítulo 5

O método
ALTA

No início da minha carreira, era muito comum eu ver e conviver com mulheres líderes que ocupavam posições de destaque, mas com as quais eu não me identificava por diferentes motivos. Algumas abriram mão da possibilidade de construir uma família para se dedicar prioritariamente à carreira. Eu gostaria de me dar o direito de poder ter os dois. Outras me pareciam caricaturas masculinas, na sua maneira de se vestir, de falar forte e alto e, principalmente, no jeito assertivo de gerenciar negócios e pessoas. Eu queria distância dessas mulheres, já que elas não representavam os meus valores pessoais e profissionais.

Os anos passaram e me deparei com alguns poucos exemplos de mães e profissionais que me inspiraram, dentro e fora das organizações por onde passei, incluindo os nomes sobre os quais falamos no capítulo anterior. Como aquelas mulheres conseguiam conciliar uma carreira de sucesso com uma maternidade participativa? Quais foram os fatores que viabilizaram essa combinação? O que existe de excepcional nessas mulheres que as diferencia das demais? Será que elas têm um dom especial ou algum tipo de superpoder? Será que existe uma fórmula mágica para garantir seu sucesso enquanto mães e profissionais? Esses foram questionamentos que carreguei por grande parte da minha trajetória de vida.

Passei a não só observar essas mulheres que pareciam conciliar carreira e maternidade tão bem, como me propus a encontrar um caminho que também me levasse até lá, repetindo aquele nível de sucesso pessoal e profissional que me inspirara tanto. Busquei de modo implacável em leituras, cursos, seminários e uma determinação incansável.

Não foi um processo fácil, mas em nenhum momento eu pestanejei. Mesmo em meio à rotina pesada no mundo corporativo, aos desafios para me destacar em ambientes prioritariamente masculinos, eu mantive meu foco, minha determinação e resultados. Com isso, cresci rápido na área profissional, enquanto na pessoal fui implacavelmente colocada "contra parede" para dar satisfações sobre por que ainda não tinha me aberto para a maternidade, para me tornar a mulher que a sociedade não só esperava, mas exigia que eu fosse.

Durante o percurso, questionei muito, desconstruí diversas crenças, conquistei coragem para ir adiante. Dentre muito investimento de tempo, energia e dedicação, eu poderia delinear vários aspectos que observei nessa jornada que foram "responsáveis" por eu conseguir chegar onde cheguei, mas preferi compactar o melhor de tudo que encontrei no que chamo de **método ALTA**.

Esse método consolida o que eu acredito ser a chave para o sucesso na conciliação de carreira e maternidade. Inclui um passo a passo estratégico, prático e emocional, que não apenas me ajudou a alcançar o que conquistei como também amparou muitas outras mulheres que já acompanhei por meio dos meus programas de mentoria. Tenho orgulho de dizer que esse método é um dos meus legados mais importantes de vida, porque ele tem o poder de libertar as mulheres da decisão cruel de terem que escolher entre serem felizes como mães ou profissionais. O ALTA lhe mostra o caminho para ter os dois, de maneira integrada e complementar.

Tenho certeza de que esse método vai funcionar para você. Após ler este livro, uma nova chama se acenderá em seu coração. Além de uma vontade incontrolável de vencer, você terá elementos práticos para tirar seus sonhos do papel e partir para a concretização. Não será uma jornada fácil, mas garanto que é totalmente possível. E o melhor, altamente recompensadora.

Os quatro pilares do método ALTA

Autoconhecimento

Minha formação em psicologia me fez sempre priorizar o **autoconhecimento** como chave para uma vida com significado. Na minha perspectiva, o autoconhecimento é o processo que permite você se diferenciar verdadeiramente das outras 8 bilhões de pessoas existentes no mundo. É o que revela o que existe de único em você, incluindo sua história, valores, crenças, prioridades e gostos. E, quando você enxerga tudo isso, é como se uma cortina se abrisse diante dos seus olhos. Tudo fica mais claro e simples.

Lembro de uma das primeiras mentorias que dei, que foi com uma executiva de marketing chamada Vanessa. Ela tinha dúvidas sobre seus caminhos profissionais e se queixava bastante do relacionamento com o noivo. Trabalhamos com ferramentas de autoconhecimento para ajudar Vanessa a se redescobrir. Foi assim que se ela deu conta de que seus problemas com o noivo ocorriam porque havia um conflito de interesses e prioridades no casal. Ele queria focar a carreira e aproveitar a vida de maneira livre, leve e solta, sem filhos. Vanessa, inicialmente, compartilhava da mesma visão. Mas foi no processo de autoconhecimento que descobriu que família era um valor fundamental para ela.

O método ALTA envolve, prioritariamente, recursos da psicologia para o autoconhecimento, que são capazes de quebrar circuitos de escassez e sensação de impotência e incapacidade. Aproxima você dos seus objetivos e ajuda a realizar sonhos. Lembra aquela máxima que diz que informação é poder? Pois é, foi o que aconteceu com Vanessa. Descobrir os seus valores a levou a um caminho sem volta. Ela tentou conversar abertamente com o noivo sobre o seu desejo de ser mãe, mas ele foi irredutível e tentou convencê-la do contrário. Como ela estava fortalecida e clara de suas prioridades, resolveu abrir mão do relacionamento. E foi libertador. Ela sentiu que havia tirado um peso das costas, o peso de estar presa em uma relação que anularia um de seus valores pessoais para o resto da vida. E, com isso, acabou destravando os caminhos profissionais também. Dali em diante, Vanessa passou a se priorizar e a ser mais seletiva nos relacionamentos amorosos que estabelecia. Dois anos depois do término com seu noivo, Vanessa já estava grávida de um homem que havia conhecido por meio do trabalho e com quem compartilhava prioridades de vida semelhantes.

O método ALTA tem o poder de libertar as mulheres da decisão cruel de terem que escolher entre serem felizes como mães ou profissionais.

@maesnalideranca

Liderança

Outro pilar fundamental que enxergo para possibilitar a conciliação de carreira e maternidade é **liderança**. Mesmo que ainda não compreendesse exatamente o seu significado, olhando para trás, vejo que o conceito de liderança sempre esteve presente na minha vida como algo que faz a diferença. Quando criança, eu me lembro de organizar festas de confraternização com os amigos da vizinhança nos fins de ano, de ensaiar corais e coreografias para as famílias. Até um filme caseiro já produzi e dirigi com os meus amigos. Eu criei a crença de que, se quisesse que algo acontecesse, eu tinha que tomar a frente e trabalhar para realizar.

No mundo corporativo, não foi diferente. Na verdade, só colaborou para fortalecer a minha crença de que liderança é essencial para nos levar ao que queremos alcançar. Um exemplo que me marcou muito foi o de Luciana. Ela era uma executiva muito bem-sucedida e talentosa e estava prestes a retornar ao trabalho após o fim de sua licença-maternidade. Mãe de primeira viagem, Luciana estava totalmente imersa nas dores e doçuras da maternidade. Só pensar em ter de retornar ao trabalho lhe causava um incômodo, um aperto no coração. Ela sentia que precisava de mais tempo perto de seu filho.

Após processar esse sentimento nas nossas sessões de mentoria, Luciana decidiu que precisava fazer algo para mudar a sua situação. Gostaria de pedir uma extensão da sua licença, sair em período sabático ou ainda trabalhar em meio período para conseguir se dedicar mais ao filho, continuar amamentando e acompanhar de perto sua introdução alimentar. Sabia que a empresa não oferecia nenhum tipo de flexibilidade em suas políticas internas. Como Luciana gostava de ser parte daquela organização e queria continuar trabalhando após a maternidade, desenvolvemos na mentoria uma estratégia para reafirmar seu valor e para que liderasse um movimento para flexibilização das práticas de trabalho.

Luciana conversou com seu gestor direto, dividiu um plano de ação detalhado para acomodar suas necessidades de flexibilidade e pediu seu apoio. Chamou a representante de Recursos Humanos e compartilhou tendências de práticas de flexibilização no ambiente de trabalho e seus benefícios. Fez questão de agendar

98

conversas com diferentes pessoas da alta liderança e expôs seus argumentos sobre como uma alteração na política interna traria benefícios não somente para ela como para a atratividade e o nível de engajamento interno da organização. Depois de todo esse movimento, a liderança da empresa ponderou os pontos levantados por Luciana e, como ela era de fato um talento, não gostariam de perdê-la. Por isso, ajustaram a política e aprovaram que ela retornasse trabalhando em meio período por seis meses, quando avaliariam novamente a sua situação. Por fim, por meio de sua liderança, Luciana conseguiu realizar as mudanças de que precisava para acomodar as suas necessidades pessoais e profissionais.

Talentos

Além de autoconhecimento e liderança, na minha trajetória, trabalhando em Recursos Humanos, outro fator que constatei que de fato faz diferença para o sucesso profissional das mulheres é trabalhar de modo conectado com seus **talentos**, honrando seu autovalor. Já assistiu ao filme animado da Disney Pixar Studios, chamado "Encanto"?[125] O longa-metragem conta a história da família colombiana Madrigal, que se destaca pelo talento extraordinário de cada um de seus membros, conferido a eles por meio da magia entregue à matriarca e avó família como modo de protegê-los. Os dons incluem superforça, habilidade de curar por meio de comida, polimorfia (se transformar em outras pessoas), prever o futuro, entre outros. Todos tinham um supertalento, à exceção de Mirabel, personagem principal do filme. Ela passa a maior parte da trama remoendo o porquê de não ter um talento, acaba se sentindo muito triste, sem valor e excluída de sua família. Após uma grande aventura com altos e baixos, além de muita emoção, Mirabel se dá conta de que seu talento é ajudar seus familiares a quebrarem padrões impostos a eles, a se libertarem de amarras do passado e manter sua família unida.

O que é retratado no filme, eu vejo acontecer na vida real. Uma pessoa que não conhece seu talento e não tem clareza de seu autovalor dificilmente se sentirá realizada no âmbito profissional. Uma mentorada que me marcou bastante no que diz respeito à falta de clareza sobre seu talento foi a Carla, uma promotora de justiça com mais de uma década de experiência. Carla era de uma família de advogados. Na juventude, não investiu muito tempo para analisar que faculdade cursaria. Cresceu com a influência do mundo do direito dentro de casa, um modelo testado e aprovado por seus pais e irmão mais velho. Já que todos haviam conquistado uma vida tranquila a partir do trabalho, Carla decidiu seguir pelo mesmo caminho.

Quando começou a atuar profissionalmente como promotora na Justiça do Trabalho, sentiu muito orgulho ao conseguir ganhar suas primeiras causas judiciais. Também se sentia muito bem recompensada financeiramente e reconhecida socialmente pelo trabalho que desempenhava. Porém, com o passar dos anos, sentiu que entrou no modo automático e que já não gostava mais tanto do que fazia. Passou a incomodá-la ter que conversar sobre os problemas das pessoas que atendia, coletar dados e informações e participar de audiências públicas todos os dias. Mas, como estava casada, com marido desempregado, tinha um filho pequeno para criar e prestações da casa para pagar, deixar o trabalho não era uma opção.

Ao sair de licença-maternidade após o nascimento do segundo filho, a situação de frustração com o trabalho piorou muito. Carla sofria só de pensar que teria de voltar àquela rotina, então decidiu investir em uma mentoria para iniciar sua transição de carreira, mesmo que ainda não soubesse ao certo a área nova em que gostaria de atuar. Durante o nosso processo de mentoria, trabalhamos para reinventar seus talentos. Depois de alguns exercícios, ela percebeu que seu talento e sua paixão estavam em trabalhar com moda, gosto e aptidão que começou a desenvolver ainda criança, com 12 anos, quando participou de um editorial de moda infantil a convite da escola. A partir daí, Carla passou a acompanhar tendências de moda e testar composições criativas de figurinos. Acabou se tornando referência para as amigas de turma. Diziam que ela tinha muito bom gosto e fazia verdadeiras transformações em seus looks.

Carla nunca cogitou trabalhar com moda, pois pensava que não era uma profissão bem remunerada, além de não garantir nenhuma estabilidade. Em sua visão, seria uma loucura abrir mão de um emprego estável para se aventurar no empreendedorismo. Na mentoria, construímos um plano de ação para viabilizar uma potencial transição de carreira em até dois anos. O primeiro passo de Carla foi estruturar

100 um plano de negócios para ser implementado em paralelo com o seu trabalho. Decidiu que arriscaria empreender como consultora de estilo e que divulgaria seus serviços na internet.

Em menos de um ano, o negócio saiu do papel; em mais doze meses, viu sua agenda lotar devido aos investimentos que fez nas estratégias digitais. Nesse momento, já faturava mais do que seu salário mensal como promotora. Decidiu, então, sair do emprego para se dedicar e expandir seu negócio, contratando uma equipe. Após quatro anos da empresa operando a pleno vapor e com resultados financeiros positivos, hoje Carla trabalha muito mais se comparado aos dias de promotoria, mas se sente muito mais realizada profissionalmente exercendo o seu talento e exercitando o seu propósito: ajudar a melhorar a autoestima e a confiança de outras mulheres.

Alianças

Trabalhei por anos com estes três pilares para ajudar mulheres a alcançarem sucesso profissional: autoconhecimento, liderança e talento. Mas a experiência da maternidade me fez descobrir que existe um quarto pilar fundamental para uma conciliação de carreira e maternidade de uma forma sustentável e mais leve: as **alianças**. Quando olhamos os exemplos das mulheres sobre as quais falei no capítulo anterior, podemos ver que todas elas contaram bastante com o poder de parcerias para alcançarem seus objetivos.

Eu simplesmente não me atentava a esse fator. Era algo invisível para mim. Eu acreditava que era a única responsável pelo meu sucesso. Quando me tornei mãe, manter esse padrão de pensamento e entrega me levou à exaustão e à frustração. Era humanamente impossível desempenhar bem em todos os papéis: mulher, profissional, esposa e mãe, o tempo todo. Eu sentia o peso do mundo nas costas.

Acredito que, talvez, esse tenha sido o maior aprendizado que a maternidade me trouxe. Eu precisei ressignificar minhas crenças sobre alianças. Não precisamos dar conta de tudo. Assim como não precisamos fazer tudo sozinhas. Vivemos em sociedade por um motivo e precisamos aproveitar diferentes tipos de apoio, como também permitir que cada um exerça seus papéis no coletivo. Acredito que essa seja a base para uma sociedade saudável.

Assim surgiu o método **ALTA**, que consiste nos pilares de **Auto-conhecimento**, **Liderança**, **Talentos** e **Alianças**. Como cada pessoa é um ser único e especial, a aplicação do método é individualizada. Após entender quais são as pedras no caminho da mulher, seus sabotadores e o que mudou nela ao passar pelo portal da maternidade, identificamos quais pilares do ALTA precisam ser desenvolvidos. Com base nisso, montamos um plano de ação que compreende diferentes tipos de intervenções, descritas nos **"4 Rs de resgate da mãe na liderança"**: Redescobrir, Reafirmar, Reinventar, Ressignificar.

Ao longo da minha experiência profissional, venho atuando com essa metodologia, por meio de programas de mentorias, treinamentos e palestras, e me sinto muito orgulhosa de poder expandir, com este livro, essa ferramenta maravilhosa, para que muitas outras mulheres se transformem, se realizem e deixem seus legados revolucionários no mundo. Nos próximos capítulos, vou mergulhar em cada um dos pilares do método ALTA e mostrar o passo a passo de como você pode aplicá-lo na prática para resgatar a mãe líder que existe aí dentro.

"Seja a mudança que você quer ver no mundo." – Mahatma Gandhi[126]

Capítulo 6

Autoconhecimento

O poder da singularidade

"Existe mais na superfície do que nossos
olhos alcançam." – Aaron Beck[127]

Quem é você?

Eu gostaria de que você parasse e me respondesse a essa pergunta como se eu estivesse na sua frente neste momento. Você consegue responder com facilidade?

É uma pergunta curta, que pode parecer simples, mas que requer profundidade enorme para a sua resposta. Você provavelmente vai me responder com o seu nome, idade, cidade em que mora, profissão que ocupa, se é mãe, casada etc. No entanto, esse é apenas um recorte da sua identidade. Existem muitas outras camadas, mais profundas, que caracterizam a pessoa que está lendo este livro agora: seus valores, suas crenças, suas prioridades, seus gostos, seus atributos físicos, sua história de vida, seus aprendizados, suas habilidades, seus diferentes papéis sociais.

E, diferente do que muitos pensam, conhecer a si mesmo não é algo simples, rápido e superficial. É preciso ir além da superfície e do que nossos olhos alcançam. Mergulhar na subjetividade de maneira profunda e conectada à sua verdadeira essência é o processo que chamo de **autoconhecimento**. É por isso que esse é o primeiro pilar do método ALTA. Como podemos ter realização pessoal e profissional se não sabemos quem verdadeiramente somos e qual é nosso propósito de vida?

104 Como vamos conseguir conciliar carreira e maternidade com liderança se não conhecemos os valores que nos movem?

Saber quem somos é condição fundamental para saber para onde vamos. É preciso mergulhar profundamente em nós antes de começar a fazer a travessia para fora. E esse mergulho nos viabiliza obter clareza sobre nossos talentos, capacidades, potenciais, fraquezas e vulnerabilidades. Ao saber mais sobre esses aspectos, podemos trabalhá-los de maneira consciente, de modo que nos ajude em vez de limitar.

Com um plano estratégico e estruturado, é possível começar uma jornada consciente e intencional de autoconhecimento capaz de levá-la a entender "quem é você" verdadeiramente. Muitas pessoas não sabem quem são, tampouco conhecem o seu potencial e onde podem chegar ou o que podem conquistar.

Se você não está vivendo a vida que gostaria, se sente insegura diante do caminho que se apresenta, hesitante das mudanças de rumo a tomar e acha que pode se sentir mais feliz e realizada no que diz respeito à conciliação de carreira e maternidade, você precisa desenvolver autoconhecimento. Será preciso investir tempo, energia, dedicação e coragem para enfrentar medos, mas certamente será uma das principais decisões da sua existência. Isso lhe proporcionará uma das ferramentas mais importantes de desenvolvimento, apoio e amor que você pode dar a si mesma.

O autoconhecimento é essencial para permitir que a pessoa deixe de ser refém das situações que acontecem com ela e tome as rédeas da própria vida. Quando ela se conhece, sabe do seu autovalor, das suas prioridades, conhece suas crenças funcionais e disfuncionais e já está atenta aos seus sabotadores, ela tem mais recursos para gerenciar as reações e os comportamentos frente aos acontecimentos da vida. Se você quer ser uma mãe na liderança e ainda não começou a sua jornada de autoconhecimento, inicie agora mesmo.

O que é autoconhecimento?

Autoconhecimento é um processo, uma jornada contínua e sem fim. Assim como nossa identidade, o autoconhecimento vai sendo formado e transformado ao longo da nossa história e em razão dos aprendizados que colecionamos ao longo da vida. E, por mais que você ache que autoconhecimento é um processo natural de evolução, ele não é. É trabalho ativo, que requer enfrentamento, intenção, abertura e muita coragem.

O autoconhecimento é um pilar do método ALTA que se apoia na terapia cognitivo-comportamental. Segundo essa perspectiva, a personalidade é formada pela modelagem entre disposição inata e o ambiente. Ela reflete a estrutura cognitiva do indivíduo, que é bioquimicamente e socialmente influenciada por meio de interpretações e significados conferidos aos eventos significativos da vida, além de comportamentos aprendidos e reforçados ao longo da história do indivíduo. Os atributos de personalidade são vistos como esquemas cognitivos — formados por seu conjunto de crenças — ou estratégias interpessoais desenvolvidos em resposta ao ambiente. Assim, se trabalharmos nosso sistema de crenças, podemos entender como eles foram estabelecidos e, dessa forma, teremos oportunidade de criar novas crenças e, consequentemente, novas perspectivas de vida.

O autoconhecimento é uma jornada fundamental que nos permite conduzir nossa vida de modo mais consciente e intencional. Ele nos ajuda a sair do "piloto automático" que nos afasta de quem somos e, sobretudo, de nosso propósito e potencial. Quando não estamos felizes no trabalho, por exemplo, sentimos que não temos o reconhecimento nem a remuneração que merecemos, mas algo interno nos impede de pensar em modos de procurar um novo emprego, de buscar reconhecimento ou de negociar um salário maior. Ou quando nos sentimos encurraladas tendo que escolher entre ser uma mãe presente e participativa ou uma profissional bem-sucedida, mas sem clareza de um caminho a seguir. Ou mesmo quando estamos nos sentindo exaustas, tendo que dar conta de tudo sem apoio, nos afundamos ainda mais no circuito da sobrecarga e não conseguimos pedir ajuda para sair.

Esses diferentes exemplos mostram que, apesar de querermos uma mudança, nos falta clareza e força interior para promover a transformação de que precisamos. E, sem esses recursos, nos acomodamos, mesmo infelizes. Mesmo sentindo lá no fundo que merecemos mais, apenas seguimos suportando, dia após dia.

106   Esse descompasso interno é justamente o que o autoconheci-mento nos ajuda a resolver. Ele nos permite ter clareza, profundi-dade, coragem para tomar decisões, organização para estruturar novas estratégias, colocando-as em prática e mantendo-as em ação. Autoconhecimento é uma espécie de poder conquistado por meio de muito trabalho e dedicação, capaz de reformular crenças disfun-cionais internas de "não merecimento", "pouco valor pessoal", "inca-pacidade e impotência" para crenças funcionais de merecimento, valor pessoal, capacidade e potência para realização que afetam diretamente a atitude frente a vida e seus desafios.

Autoconhecimento como ferramenta individual

É impressionante notar as diferentes reações para um mesmo tipo de acontecimento: a demissão. Normalmente, enquanto a maioria das pessoas fica muito triste, abalada com a situação, com a confiança em sua competência profissional estremecida, medo do futuro e ressentida com líderes e a empresa, outras enxergam a demissão como uma saída para receber seu pacote de rescisão e se sentir livre para realizar outros planos profissionais e pessoais, como mudar de empresa, abrir o próprio negócio, dar uma pausa no trabalho para focar a vida pessoal, entre outras opções.

Certamente, as reações variam porque as pessoas interpretam a mesma situação de maneiras diferentes, porque seus contextos são diferentes, assim como o significado que dão ao mesmo evento também são distintos, o que é influenciado por suas crenças pré--existentes. Enquanto o primeiro grupo enxerga a demissão como uma ameaça, o segundo a vê como uma oportunidade. Com base na TCC e no que corroboro a partir da minha experiência, as interpreta-ções levam a sentimentos, emoções e comportamentos condizentes com o significado dado. Se a pessoa interpreta a situação como uma ameaça, ela pode se sentir com medo, triste e acabar estagnada na vida. Já quem interpreta o evento como uma oportunidade tende a se sentir animado para dar o próximo passo.

Apesar de o autoconhecimento ser um processo individual, você pode contar com ajuda para dar o mergulho de que precisa na sua subjetividade. Sou suspeita para dizer, mas, de fato, acredito que a terapia seja uma das ferramentas mais incríveis e profundas de autoconhecimento. Com as diferentes linhas e abordagens, o desafio está em encontrar uma corrente com a qual se identifique. Pergunte e esteja aberta a recomendações. Na minha visão, não existe melhor avaliação que a do próprio cliente. Se formos pensar em processos mais intensivos e de imersão, gosto de cursos, programas de *coaching* e mentorias.

Outra grande oportunidade para autoconhecimento são os nossos relacionamentos, acredita? Eles nos dão sempre a oportunidade de aprendermos mais sobre nós mesmas por meio dos processos de identificação e diferenciação dentro dos grupos sociais dos quais fazemos parte. Isso pode acontecer seja quando percebemos similaridades com os pensamentos, comportamentos e as atitudes dessas pessoas, seja quando nos diferenciamos delas. É uma ferramenta muito potente e eficaz de acesso a informações que muitas vezes desconhecemos sobre nós mesmas, que são evidenciadas por meio de feedback daqueles que convivem conosco dentro de casa, na família, dos amigos ou colegas de trabalho. Por vezes, o processo pode ser incômodo, mas tem o potencial de revelar bem mais do que imaginávamos. Ele pode nos transformar, revitalizar e dar à nossa existência um significado nunca antes visto.

Existem ferramentas simples que também podem ajudar no processo de busca individual por autoconhecimento: meditar, ler livros, assistir a *TED Talks* e filmes que estimulem o mergulho interior. Um exercício que pouca gente conhece ou utiliza e do qual eu gosto bastante é refletir toda vez que sinto um incômodo em alguma situação que vivencio. Sabe quando o coração aperta, o estômago embrulha e a garganta embarga? Essas são ótimas oportunidades para iniciar uma reflexão de autoconhecimento. O nosso desconforto sempre tem algo a nos comunicar sobre nós mesmas. Não deixe a oportunidade passar.

Na minha visão, o autoconhecimento também é um filtro que nos ajuda a selecionar opções que aparecem na nossa frente, desde as situações mais corriqueiras até grandes decisões. Se estivermos atentas e conscientes, a vida nos dá inúmeras oportunidades de aprendermos mais sobre nós mesmas, por meio de questionamentos, reflexões, experiências, aprendizados e diferenciação com os outros, desde identificar o prazer nos momentos que usufruímos até

108   os incômodos e frustrações que vivenciamos em diferentes contextos. Quando estamos abertas à reflexão e somos intencionais, tudo isso aprofunda nossas chances de autoconhecimento.

Particularmente, o meu processo de autoconhecimento começou de modo mais consciente e intencional quando eu estava cursando a faculdade de psicologia. Eu refletia muito sobre as diferentes linhas de conhecimento e terapia dentro do curso e tentava fazer uma autoanálise da minha própria história. Foi lá que experimentei pela primeira vez os testes psicológicos e de personalidade. E foi um caminho sem volta. Comecei a perceber padrões do meu comportamento. Reconheci minhas fortalezas e tive contato de maneira mais objetiva com meus "defeitos" ou pontos a desenvolver.

Depois que me formei, o autoconhecimento sempre esteve presente na minha vida. Testei diferentes linhas terapêuticas: psicanálise, terapia cognitivo-comportamental, Gestalt terapia, terapia breve, hipnoterapia, entre outras. De lá para cá, mesmo que de modo intermitente, foram mais de quinze anos em terapia. Além disso, nos ambientes de trabalho por onde passei, a prática de feedback de gestores e pares era uma constante e isso também foi muito importante no meu processo para reforçar minhas qualidades, como para identificar pontos cegos relevantes para o meu desenvolvimento. No âmbito individual, também busco sempre ler e estar em contato com o tema, dado que me fascina.

Independentemente da ferramenta utilizada, o objetivo final do autoconhecimento se mantém: despertar um "vulcão interno" adormecido, buscando descobrir (ou redescobrir) quem de fato somos, do que somos capazes e o que viemos agregar na nossa existência. É entrar em contato íntimo com nosso propósito de vida, entrar em contato com algo capaz de mudar o entorno com a transformação da nossa própria vida. Sair do "piloto automático" e deixar nosso vulcão entrar em erupção requer um processo ativo e contínuo de autoconhecimento. É um exercício diário.

Você pode estar se perguntando: "Por onde devo começar?". Antes de qualquer resposta que eu possa lhe dar ou ajuda que eu possa oferecer, você precisa saber que autoconhecimento é um processo pessoal, exclusivo e individualizado. O método ALTA oferece uma base, estratégias, direcionamentos, mas o caminho é sempre seu. Se não pode começar pagando uma terapia ou programas de mentoria por questões financeiras, comece por ferramentas mais acessíveis sobre as quais falei anteriormente. Avalie qual é a melhor opção para você. Mas, se posso lhe dar uma única dica, tenha clareza de que autoconhecimento é um dos investimentos mais importantes que você pode fazer por você mesma. É um catalisador poderoso no seu processo de evolução. E a base que vai ajudá-la a conquistar o que merece.

Método ALTA e autoconhecimento

Por ser um processo completamente individualizado, eu começo o método com uma anamnese para entender quem é aquela pessoa, qual é a sua história de vida e como foi a sua trajetória da infância até a vida adulta. Faço a conceitualização cognitiva para mapear os esquemas mentais e comportamentais. Utilizo testes psicológicos e de personalidade para ter ferramentas mais objetivas. Dependendo dos resultados, trabalho mecanismos e ferramentas de alavancagem de fortalezas. Desenvolvemos clareza de visão, missão e propósito de vida de acordo com o nível de consciência nos diferentes setores da vida.

No que diz respeito à realização pessoal, eu acredito que o ser humano é um ser complexo e integral. Por isso, faço questão de frisar que existem vários pilares fundamentais na vida, tais como família, trabalho, saúde, relacionamentos amorosos, vida social, diversão, espiritualidade, contribuição à sociedade, entre outros. Gosto bastante de uma ferramenta de *coaching* chamada Roda da Vida, cuja criação, na década de 1960, foi atribuída a Paul J. Meyer,[128] um estadunidense que foi pioneiro em práticas de desenvolvimento pessoal. Essa ferramenta de autoconhecimento abrange doze pilares que são divididos em quatro grandes setores da vida: 1) Pessoal, 2) Profissional, 3) Relacionamentos e 4) Qualidade de vida.

De modo bem didático, a Roda da Vida ajuda a pessoa a fazer uma reflexão concreta de sua vida e a identificar áreas que precisam de mais atenção para estruturar de maneira mais objetiva um plano de ação a fim de conquistar uma vida plena. O modelo compreende que os pilares são áreas complementares da vida do indivíduo e que, portanto, precisam ser gerenciadas a fim de possibilitar o sentido pleno de realização.

O autoconhecimento, como jornada individual, consciente e intencional, é o único caminho para a transformação.

REPRESENTAÇÃO GRÁFICA DA FERRAMENTA RODA DA VIDA[129]:

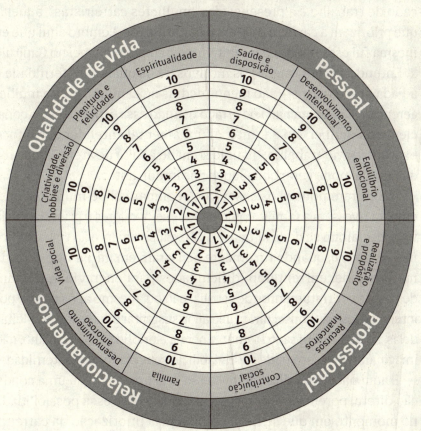

Entre os pilares descritos na ferramenta da Roda da Vida, minhas áreas de expertise são, prioritariamente, Desenvolvimento Pessoal, Profissional e Família. Não acredito ser possível ter realização, de forma sustentável, investindo em apenas uma ou duas áreas da vida e negligenciando todo o restante. E preste bastante atenção em uma realidade nua e crua que vou dizer aqui: não são só o trabalho ou só a maternidade que vão fazer você se sentir realizada. Os dois pilares são necessários, pois servem a propósitos distintos de desenvolvimento pessoal e de colaboração social. Um não é capaz de substituir o outro. Eles são diferentes e complementares no quebra-cabeças da realização pessoal.

Você pode até achar que está bem resolvida ao focar apenas alguns pilares, mas uma hora a conta das áreas negligenciadas chega. E chega com juros e correção. Ao longo da minha experiência, trabalhando dentro das organizações ou fora, em treinamentos e mentorias com

112

mulheres, o que vejo de maneira cada vez mais consistente no mercado de trabalho é a presença das "mulheres carreiristas", aquelas que priorizam a carreira e adiam a maternidade. Lembro aqui que eu mesma fui essa mulher por muitos anos, como expliquei no Capítulo 2. Entendo perfeitamente os motivos pelos quais a maternidade é adiada nesses casos — são menos pedras no caminho para a mulher gerenciar. E não tem nada de errado quando essa é uma decisão consciente da mulher. No entanto, é fundamental entender que o foco exacerbado no trabalho, quando somado à falta de atenção na área da família, pode gerar consequências importantes.

Não foram poucos os casos que acompanhei de mulheres que, embora tivessem a família como um dos seus valores e prioridades de vida, decidiram se dedicar quase que exclusivamente ao trabalho por muitos anos e, quando finalmente pensaram em iniciar os planos da maternidade, enfrentaram dificuldades para engravidar, tiveram de passar por tratamentos de fertilização ou, mesmo após passar por intervenções, não conseguiram iniciar ou sustentar uma gestação. Muitas delas, ao dedicarem tanto tempo, energia e prioridade ao trabalho, não imaginaram que isso pudesse inviabilizar seus planos de maternidade.

E aqui não estou dizendo que essa seja uma regra ou uma condição direta, porém é preciso entender que existe essa possibilidade no momento em que se faz a escolha pela priorização da carreira. Infelizmente, vejo que muitas mulheres ainda não fazem essa reflexão de maneira consciente, analisando os impactos de suas decisões e atuando naquilo que está sob seu controle. Se elas tivessem mais clareza de potenciais consequências, poderiam pensar em planos de mitigação dos riscos associados. No exemplo da gravidez, uma maneira de mitigação proativa seria, por exemplo, a coleta de óvulos para congelamento em idade na qual ainda apresenta uma boa reserva ovariana, em preparação para uma potencial futura necessidade de passar por tratamentos de fertilização, caso os meios naturais não funcionem.

Quando uma área está ligada a um valor pessoal ou sonho de vida, mas é negligenciada por muito tempo, você passa a depender da sorte para alcançar seus objetivos naquele pilar. É como ir a um leilão, dar um único lance no item que você quer e sair imediatamente da sala sem monitorar o desenrolar da negociação. No momento que sai, você não consegue mais agir. Pode ser que o seu lance seja ótimo e você consiga comprar o item que deseja sem concorrência, como pode ser que outras pessoas aproveitem a oportunidade dando melhores lances que você. Mas, se você não está mais na sala, não poderá interferir no que acontece lá. Por isso, eu acredito ser mais eficaz e sustentável promover esforços consistentes para atuar nos setores da vida que são prioridades para você. Daí a relevância do autoconhecimento como exercício constante, para nos dar as rédeas de nossa vida, trazendo luz a quem somos e às nossas singularidades.

Dentro das minhas áreas de atuação, vou me aprofundar em dois setores da vida que requerem tanto autoconhecimento para que a pessoa seja bem-sucedida neles quanto enormes oportunidades de autoconhecimento e autodesenvolvimento. Esses dois pilares são fundamentais para as mães na liderança: maternidade e trabalho.

A maternidade é uma travessia em mar aberto

A minha visão sobre a maternidade é bem "pé no chão" e nada romântica. Minha experiência pessoal e profissional, além de muito estudo, me trouxe ao lugar de onde falo hoje. Se você pensa diferente de mim, peço licença e a convido a refletir junto comigo, com mente e coração abertos.

Como falamos no Capítulo 3, a identidade feminina foi construída histórica, social e culturalmente tendo a maternidade como um de seus papéis principais dentro do casamento. Por isso muitas nem se questionam se e quando deveriam ser mães. E, quando fogem a essa regra, normalmente são culpabilizadas.

Lembra-se da Ana, a "mulher invisível" sobre a qual falamos no Capítulo 2? Ela se tornou mãe de maneira não planejada e com receio, teve de abrir mão da carreira, gostaria de retomar o trabalho, mas não contava com rede de apoio. A maternidade simplesmente aconteceu para ela, mesmo que ainda não se sentisse pronta. Não foi uma decisão consciente. E foi aí que ela mergulhou em um mar de desafios.

A melhor analogia que consigo pensar para descrever a experiência da maternidade, principalmente os três primeiros anos, é entrar em um desafio de travessia em mar aberto sem experiência prévia. Envolve sair da zona de conforto, tentar se adaptar a um ambiente e a uma atividade que são novidades para você; superar desafios e se manter sã e salva até completar o percurso. É como um portal de transformação e uma ótima oportunidade de autoconhecimento. É impossível passar por ela e permanecer igual.

Não existe um dia certo para começar a travessia. O que sabemos é que é um processo individual. Ninguém pode nadar por você. No entanto, você pode se preparar e buscar recursos para apoiá-la nas dificuldades do trajeto. As condições em que se pula no mar também são intrínsecas a cada pessoa. Ela pode decidir, de modo consciente, se quer topar entrar na travessia e o momento mais propício para iniciá-la, dadas outras prioridades de vida, seu nível de preparo, suas expectativas em relação ao mar e seus desafios. Ou ela pode pular no mar e viver a experiência de maneira mais espontânea, seguindo suas emoções e esperando para ver o que encontra na jornada.

Pode ser que você entre no mar na primeira oportunidade, porque está muito motivada e quer tentar aproveitar as melhores condições para o nado naquele momento. Ou você pode ter sido jogada naquele mar para iniciar a travessia, por influência de outra pessoa, sem mesmo se dar conta se realmente queria estar ali ou do que enfrentaria pela frente. De início, você provavelmente tem energia e disposição para nadar. Porém, nos dois casos, se não tiver recursos para facilitar sua travessia, como boia, colete salva-vidas, bote, prancha, roupa térmica, você pode não estar preparada para enfrentar as adversidades que aparecerem quando as condições do mar mudarem.

Se você pula mais tarde no mar porque priorizou correr atrás de preparação física e técnica, além de recursos para deixar a travessia mais tranquila, pode encontrar condições marítimas menos favoráveis para iniciá-la. Por outro lado, terá uma boia para se apoiar quando estiver cansada, uma roupa térmica para protegê-la da água fria ou uma prancha para atravessar com mais tranquilidade as ondas desafiadoras.

Se você investe tempo demais se preparando e buscando recursos antes de iniciar a travessia, pode ser que nem mesmo entre no mar, porque a travessia tem um intervalo de tempo específico para acontecer. Uma hora esse tempo se esgota e não é mais possível se jogar. Ou você pode decidir que não quer passar por esse tipo de desafio na sua vida, afinal, viver na terra firme lhe parece ser uma opção suficientemente boa.

O fato de a travessia ser individual não a impede de nadar acompanhada ou de pedir ajuda para atravessar. O problema é que muita gente acha que o percurso precisa ser solitário. Isso não é verdade. Você pode contar com algum parceiro de nado, com o acompanhamento de um técnico ou treinador, ou até mesmo de um guarda-vidas do barco de resgate, se precisar. Mas você precisa pedir ajuda e estar aberta a receber ajuda, e isso não tira o seu mérito na travessia.

O tempo, as condições do mar, os recursos para a travessia, assim como as suas motivações e as dificuldades são peculiares a cada mulher. Algumas podem estar enfrentando correntezas e ondas muito altas, enquanto outras podem estar desfrutando de um mar calmo e tranquilo, de cima de sua boia. Portanto, comparação e competição são incabíveis e apenas geram sofrimento. Por outro lado, trocas de experiências e compartilhamento de aprendizados podem facilitar o percurso.

A maneira como se encara os desafios encontrados no mar também faz bastante diferença na experiência da mulher. Esse é um desafio de resistência e resiliência física, mental e emocional. Se você passar por uma correnteza forte, pode perder energia e sofrer se ficar tentando resistir a ela. Já reparou que, quando passamos por dificuldades e resistimos a elas sem aprender, tendemos a passar outras vezes por experiências parecidas? Aquilo a que você resiste persiste. Nesse caso, o mais efetivo seria aceitar o fluxo do mar e boiar, enquanto se movimenta para fora da corrente. O cenário muda quando nós aprendemos que nossas maiores dificuldades são também nossas maiores oportunidades de desenvolvimento e transformação.

Do mesmo modo, se você pensar que não pode fazer mais nada ao sentir uma cãibra na panturrilha e não pedir ajuda, você dificilmente conseguirá sobreviver. Normalmente, passa pela travessia de maneira mais tranquila a mulher que tem uma motivação clara de por que e por quem quer completar o desafio, aquela que tinha ideia sobre o que esperar das dificuldades no percurso, que se preparou para entrar no mar e que conta com recursos para apoiá-la na trajetória.

Por isso, eu pergunto a você: em que condições você realizou, está realizando ou realizará a sua travessia da maternidade? Essa é uma pergunta que, infelizmente, muitas mulheres não fazem a si mesmas antes de se tornarem mães e acabam se surpreendendo durante o percurso. Antes da tomada de decisão, alguns questionamentos podem ajudar na reflexão:

Você precisa pedir ajuda e estar aberta a receber ajuda, e isso não tira o seu mérito na travessia.

@maesnalideranca

- Quais são seus valores pessoais?
- Quais são suas motivações e prioridades?
- Quais são suas crenças sobre a maternidade?
- Você sabe que tipos de desafios encontrará após se tornar mãe?
- Você entende que renúncias precisará fazer?
- Quais serão as pedras do seu caminho?
- Que características suas facilitarão a jornada?
- Quais dos seus sabotadores poderão dificultar o percurso?
- Você dispõe dos recursos necessários para superar os desafios?
- Quem acompanhará você na sua trajetória?

O que vejo em minha experiência e o que também é demonstrado pelos números que vimos no Capítulo 1 é que geralmente as mulheres que se tornam mães jovens e que não dispõem de muitos recursos nem rede de apoio tendem a encontrar mais dificuldades para concretizar seus sonhos profissionais, por vezes adiá-los ou até mesmo abandoná-los para se dedicar à maternidade. E isso acontece, muitas vezes, sem que elas se deem conta de que estão entrando nessa travessia em mar aberto.

Se você está nessa situação em que ainda não é mãe, não conta com rede de apoio na família e nem possui recursos financeiros para pagar por apoio remunerado, se quiser conciliar o sonho da carreira com o sonho da maternidade, o caminho mais fácil é investir em você primeiro. Foque trabalhar e se capitalizar para conquistar o mínimo de liberdade financeira antes de se tornar mãe. Assim, terá independência e recursos que lhe trarão mais chances de passar de maneira mais tranquila pela travessia. Só não espere demais, pois a natureza nos deu um prazo para entrar no mar. Não espere as condições perfeitas. Elas não nunca chegarão.

Por que ser mãe?

Outro ponto nodal dessa discussão tem a ver com as motivações que levam uma mulher a se tornar mãe. Tendo em vista todos os impactos físicos, bioquímicos, psíquicos e sociais na vida dela, a começar pela gravidez, a maternidade deveria ser uma decisão da mulher, assim como deveria estar em linha com seus valores pessoais e prioridades de vida. Afinal, eu acredito fortemente que felicidade é viver em congruência com os próprios valores. Vejo com preocupação os casos de muitas mulheres que se sentiram pressionadas a entrar na travessia da maternidade por conta da sua idade, para satisfazer um desejo do cônjuge ou parceiro(a), para dar um irmão para o outro filho, por pressão social, entre outros. Infelizmente, nesses casos, a chance de navegar mares mais turbulentos é maior.

Para ilustrar, vamos analisar novamente a história de Ana, a "mulher invisível". Podemos inferir que ela foi colocada no mar da maternidade sem planejamento nem preparação. Ela tentou se manter no mar apenas por esforço próprio, sem nenhum tipo de apoio ou ajuda. Ficou sobrecarregada e exausta de tanto nadar contra a correnteza, então acabou se vendo sem saída e naufragou junto com seus sonhos. Esse é o ciclo destrutivo, infelizmente muito comum na maternidade, que eu chamo de **"turbilhão da exaustão"**, em alusão a um tipo de redemoinho que forma um funil, do qual é muito difícil sair e que puxa a pessoa para baixo. A mãe fica presa nele da seguinte maneira:

Se você, assim como a Ana, já entrou no turbilhão e está se sentindo sem saída, não se desespere! Mesmo que não enxergue, existem algumas alternativas de resgate. A maneira mais efetiva e rápida de escapatória é pedir e aceitar ajuda de terceiros. Você vai precisar de mais esforço e fôlego para se manter até obter ajuda, mas segure firme até consegui-la. Você não deve esperar que a ajuda chegue até você. Seja ativa, reconheça que não é possível dar conta de tudo e esteja aberta a pedir e receber ajuda. Nessas condições, você precisa delegar atividades, deixar de fazer outras para aliviar o seu peso e não se afogar. Isso significa abrir espaço para fazer o que for prioridade nos diferentes pilares da sua vida.

A irmã de Ana, chamada Helena, ao encontrá-la no auge da depressão, sentiu muito pela irmã e viu que precisava fazer algo para ajudá-la. Deu apoio para que iniciasse um tratamento psiquiátrico e, depois que seu quadro já estava estável, decidiu oferecer a ela uma mentoria de carreira, que aceitou prontamente. E foi assim que conheci a Ana.

O foco das nossas sessões foi em autoconhecimento, para que ela tivesse clareza de seus princípios, suas prioridades, suas fortalezas e seus sabotadores. Rapidamente percebemos que Ana não reconhecia mais seu valor após a maternidade, mas esperava que os outros o reconhecessem. Exploramos seus esquemas de crenças e trabalhamos para que ela se redescobrisse e reafirmasse seu autovalor. Nesse processo, ela se deu conta de que já fazia muito como mãe e esposa, além de ainda ter muito a oferecer como profissional. Outro ponto fundamental de seu desenvolvimento foi abandonar o papel de vítima, que era um padrão que carregava desde a infância e assumir a liderança de sua vida, entendendo que ela deveria ser a principal responsável por suas escolhas e seu destino.

Esse é o poder do autoconhecimento. Assim como a Ana, você também pode se resgatar de um lugar onde se vê sem saída e sem perspectiva de melhoria para reafirmar seu valor e conseguir ir em busca do que merece. Por mais que conte com ajuda externa para fazer sua travessia em mar aberto, o vulcão é interno e só você consegue gerar o movimento para fazê-lo entrar em erupção. O autoconhecimento, como jornada individual, consciente e intencional é o único caminho para a transformação.

O trabalho como pilar de autodesenvolvimento e contribuição social

O trabalho é outro pilar importante para o desenvolvimento da identidade humana. Segundo Marx,[130] por meio do trabalho, o ser humano modifica a natureza ao seu redor e, ao modificar o mundo externo, ele transforma a própria natureza. Engels[131] vai ainda mais fundo, dizendo que foi o trabalho que criou o próprio homem, transformando o macaco no ser humano que conhecemos hoje, do ponto de vista da evolução da espécie, biológica, social e cognitivamente.

Do ponto de vista da psicologia, o trabalho tem papel importante na constituição da identidade porque ele confere um papel social a uma pessoa, dadas as atividades que ela desempenha e as contribuições que gera em seu entorno. O trabalho faz também com que a pessoa se reconheça como parte de um grupo de profissionais que se identificam por praticarem ofícios semelhantes, como o grupo de professores de uma escola ou de médicos de um hospital. Confere, também, ao indivíduo um status social inerente à representação da categoria na sociedade.

O conceito de trabalho que acabei de descrever não inclui o trabalho do maternar. Por mais belo, nobre e árduo que seja o maternar, ele diz respeito ao nosso papel social de mãe, que eu defendo ser tão importante quanto o nosso papel social como trabalhadora, mas são papéis diferentes. Está em outra categoria. Um não substitui o outro. Cada um tem o seu valor, o seu propósito, a sua razão de ser e a sua contribuição social. Defendo a dedicação à maternidade como meio de gerar seres humanos e cidadãos íntegros e tenho certeza de que isso gerará muitos benefícios para a sociedade. Mas esse é o papel da mãe e do pai. O trabalho que a maternidade não substitui é aquele da contribuição social em prol do coletivo em primeiro lugar, o que gera impacto direto para além da sua família. Mesmo que você ainda não tenha se dado conta disso, o mundo precisa do seu talento em ação.

Lembra-se da Júlia, a "mulher fênix" que se tornou mãe e sentiu a necessidade de se reinventar profissionalmente após a maternidade? Ela sabia que dedicar mais tempo para seu filho era uma prioridade, então analisou as opções que tinha e decidiu pegar a oportunidade de rescisão no seu trabalho para se dedicar temporariamente à maternidade. No entanto, com o passar do tempo e ao se comparar com amigas que trabalhavam fora, ela sentiu um vazio de não estar trabalhando e isso a incomodou. Júlia teve seu autovalor abalado quando percebeu que havia perdido um de seus papéis sociais.

Entender o papel do trabalho na sua vida não significa que você tenha que abrir mão da maternidade. Como falamos no Capítulo 1, criar um ser humano deveria ser uma responsabilidade compartilhada entre pais e apoiada pela sociedade. Não deveria cair exclusivamente no colo da mãe. Assim como também está tudo bem se você decide dar uma pausa na carreira para se dedicar aos momentos mais desafiadores da maternidade. Quando existe consciência dos impactos e a decisão é tomada de modo consciente, fica mais fácil lidar com os efeitos colaterais.

Na mentoria com a Júlia, trabalhamos para que ela ressignificasse a sua pausa no trabalho e enxergasse seu valor ao se dedicar à maternidade, afinal, estava tudo bem poder se dar essa pausa para se dedicar a algo tão importante e valioso como a sua família. Pausar é diferente de desistir. Muitas vezes significa pegar o fôlego que precisa para voltar fortalecida para a sua retomada profissional.

Se você chegou até aqui e ainda não iniciou a sua busca por autoconhecimento, comece agora mesmo a colocar em prática as ferramentas sobre as quais falamos neste capítulo. Não existe caminho de autodesenvolvimento sem autoconhecimento.

O autoconhecimento é um mapa individual que tem o poder de nos resgatar de séculos de história vivendo como coadjuvantes e nos dá a possibilidade de assumir o protagonismo para navegarmos, de maneira mais assertiva, nos desafios da vida enquanto nos movemos rumo à nossa realização pessoal.

Capítulo 7

Liderança

O poder da ação

O que é liderança?

> *"Liderança é a capacidade de transformar visão em realidade."*[132]

No primeiro pilar do método ALTA, falamos sobre a importância do autoconhecimento para obter clareza de quem você é, seus valores, prioridades, propósito, missão e visão de vida. Em outras palavras, esse é um passo fundamental para descobrir quem você é e onde quer chegar. Neste segundo pilar do método, vou explicar por que a liderança é fundamental se você quer conciliar carreira e maternidade como as mães na liderança fazem. Liderança mostra a você como tornar sua visão uma realidade.

> *"Eu nasci assim*
> *eu cresci assim*
> *e sou mesmo assim*
> *Vou ser sempre assim*
> *Gabriela, sempre Gabriela"*[133]

Não, você não precisa ser como a Gabriela

A Gabriela pensava que sua vida e seu jeito de ser seriam imutáveis, do seu nascimento até o resto de sua existência. No entanto,

124 pela perspectiva do método ALTA, para se tornar uma mãe na liderança, a mulher precisa estar disposta a passar por uma metamorfose constante.

Existe um ponto muito forte em comum entre todas as mães na liderança sobre as quais falamos no Capítulo 4: nenhuma delas se acomodou nas condições nas quais iniciaram a própria trajetória. Independentemente das dificuldades encontradas nas diferentes fases da vida, devido a condições familiares, sociais ou financeiras, elas assumiram uma postura proativa em direção a transformar própria realidade e a atingir seus objetivos. Esse tipo de atitude, que é baseada em um sistema de crenças funcionais e que leva a uma predisposição à ação para transformação, é o que chamo de liderança.

Muita gente pensa que liderança envolve apenas influenciar a ação de outras pessoas. Para mim, a liderança mais fundamental que existe é aquela que promove ação sobre si mesmo. É aquela capaz de mover a pessoa da inércia imposta pelas pedras no caminho, pelas restrições da história, pelas prisões sociais e, principalmente, pelas pedras da autossabotagem. Liderança influencia diretamente o esquema cognitivo da pessoa e a leva a agir na direção do resultado que espera. Esse tipo de liderança, a de si mesmo, é o primeiro passo para viabilizar a liderança de outras pessoas. Portanto, você não precisa ter um cargo de chefia, uma posição de poder ou um grupo de seguidores para que assuma uma atitude de liderança. Pode começar liderando a si mesma, suas crenças, atitudes e seus comportamentos que a levarão aonde deseja. Liderança é a única saída para tirar a mulher do lugar de coadjuvante onde ela foi colocada pela sociedade patriarcal ao longo dos séculos e levá-la à direção da concretização de seus sonhos. É transformar anos de imposição de imutabilidade, estagnação e obediência em uma constante metamorfose.

Liderança "por uma vida": como começar a exercer a liderança

Ao longo da minha trajetória trabalhando com mulheres e vivendo os desafios da conciliação de carreira e maternidade, decodifiquei um conjunto de dez características que fazem toda a diferença para o sucesso de mães na liderança. Apelidei esse conjunto de habilidades e características carinhosamente de "Por uma vida", já que a sua liderança acontece em prol de transformar uma ou muitas mais vidas, a começar pela sua, aproximando-a de seus propósitos e suas visões. Meu intuito é trazer esses conceitos para ajudá-la na jornada em busca de liderança de maneira ampla e irrestrita, enquanto você se redescobre e se reconstrói rumo à conquista de seus sonhos.

Quando eu trabalho liderança com as mulheres que atendo, começo realizando um diagnóstico para identificar se elas estão vivendo e demonstrando essas dez atitudes, sentimentos e comportamentos que descreverei a seguir. Com base nesse diagnóstico, monto um plano de ação para que elas exercitem a inclusão e aplicação dessas características nos diferentes setores da vida pessoal e profissional. Os resultados são surpreendentes!

Mesmo que você não esteja em uma mentoria individual e personalizada comigo, meu intuito é ajudar você. Portanto, vou trazer diversas ferramentas capazes de guiá-la nesse processo. Nas seções a seguir, detalho melhor o que significa cada qualidade e, ao fim de cada uma delas, deixo a você uma reflexão, para que possa agora mesmo começar seu processo de transformação e desenvolvimento de liderança.

Uma dica: anote aqui no livro as ideias que terá ao longo do processo. Tenho certeza de que elas podem ser reveladoras e fundamentais para ajudar você a dar um salto no seu nível de desenvolvimento. Vamos lá?

Protagonista

Assim como nas obras literárias, a protagonista é o personagem principal de uma narrativa. Vimos no Capítulo 3 que, na história da nossa sociedade e da evolução dos direitos humanos, fizeram as mulheres acreditarem que o papel de coadjuvante cabia a elas, daí uma das explicações para a formação de crenças disfuncionais sobre assumir a posição de liderança dentro e fora da vida profissional. Historicamente, o lugar de coadjuvante foi a zona de conforto para a maioria das mulheres nos espaços sociais de poder, enquanto, para os homens, a zona de conforto estava em assumir a posição de protagonista.

Um ponto essencial em comum entre todas as mães na liderança que quebraram esse padrão foi terem saído do papel de coadjuvante para assumir o protagonismo de suas vidas. Com isso, independentemente das dificuldades que enfrentaram no caminho, essas mulheres não se vitimizaram, elas usaram os desafios como combustível para lutar por uma realidade melhor. Rosely tinha mãe analfabeta e hoje é CEO de uma das melhores editoras do país. Rachel dividia um frango com dez pessoas na refeição com a família e hoje coleciona experiências como CEO de grandes empresas de luxo. O fator determinante para o seu sucesso não é o que acontece com você, e sim, o que você faz com aquilo que acontece com você. É ali que pode atuar e escrever a sua história, sendo você a atriz principal.

O ponto fundamental está em saber diferenciar aquilo que você pode controlar e agir daquilo que está fora do seu controle, o que está relacionado com o que na psicologia chamamos de *locus de controle*. É um tipo de expectativa generalizada que uma pessoa tem na sua capacidade de controlar os acontecimentos que desencadeiam ações em sua vida. Alguém com o locus de controle interno acredita que o que pode alcançar depende de seus esforços e competências. Percebe seus resultados como consequência de suas ações. Já a pessoa com locus de controle externo acredita que o que pode alcançar depende de qualquer outro fator que não ela própria, como outras pessoas, acontecimentos da vida, o acaso, a sorte. Seus resultados são percebidos como consequência de fatores externos. Mães na liderança têm um locus de controle interno. Elas sentem que podem agir para transformar a realidade. Elas se posicionam frente a vida e aos desafios com autorresponsabilidade e protagonismo para alcançar suas conquistas e definir seu destino. Elas têm o poder da ação.

E você, já tomou as rédeas da sua vida?

Ousada

Mães na liderança são ousadas. Não se sujeitam ao padrão. Elas têm coragem para transpor as pedras em seus caminhos e romper as barreiras que as impedem de alcançar seus objetivos. Não temem incomodar

A liderança mais fundamental que existe é aquela que promove ação sobre si mesmo.

@maesnalideranca

ou desafiar o status quo. Elas sabem aonde querem chegar e aproveitam ou criam oportunidades que as fazem avançar na direção que desejam. Lembra-se da história da Rachel, que reuniu suas reservas financeiras, passou por cima de seus medos, enfrentou o pai para ir viver no exterior para desenvolver seu inglês, mesmo sem ter nenhum domínio do idioma? Isso é a ousadia em prática. Se ela não tivesse dado esse passo de coragem, certamente não teria alcançado as posições de CEO das grandes organizações multinacionais que liderou.

Eu mesma, no início da minha carreira, quando era analista, ouvi que era muito "atrevida" em um dos feedbacks anuais de performance. O que hoje até poderia ser entendido como uma qualidade, naquela época foi dito com um tom de crítica. Acontece que eu era uma jovem, recém-formada em psicologia e trabalhava em gestão de projetos junto com um grupo de engenheiros homens muito mais experientes que eu. Enquanto eles estavam preocupados com os detalhes técnicos e processuais das implementações que estávamos fazendo, meu foco eram as pessoas e a cultura da organização. Nas reuniões para alinhamento dos próximos passos do projeto, enquanto a maioria apoiava os planos sugeridos pela liderança, eu me posicionava trazendo à mesa os pontos sobre pessoas que eles haviam deixado passar. Meu intuito era contribuir com o projeto final, mas eu sentia que incomodava alguns membros do time. Ao final do projeto, foi essa mesma característica que me fez receber uma proposta de trabalho de um dos líderes, porque, segundo ele, eu tinha coragem de me posicionar e discordar quando necessário. E devo dizer que essa habilidade foi fator determinante para eu avançar na minha carreira na velocidade em que avancei.

Ousadia envolve coragem para assumir riscos, não esperar se sentir 100% pronta para aproveitar e criar oportunidades que nos aproximam de nossos sonhos. Requer coragem para se posicionar, desapego de querer sempre agradar e saber discordar em prol dos seus valores e do que acredita. Envolve promover transformações no nosso meio para dar espaço ao que acredita. Ousadia é o mínimo que podemos fazer por nós mesmas para nos tirarmos da caixinha onde séculos de história nos colocaram para mostrar ao mundo que temos a agregar para além dos papéis de coadjuvantes conferidos a nós. Ousadia é o primeiro passo para nos projetar na posição onde queremos chegar.

E você, que risco pode assumir ainda hoje e que será capaz de impulsioná-la na direção que deseja?

Resiliente

Resiliência é a capacidade humana de lidar com situações difíceis e de reagir positivamente após passar por adversidades. A pessoa que tem essa habilidade olha menos para trás e para as dificuldades e tende a focar na solução, flexibilizando sua maneira de agir e se adaptando conforme seus aprendizados para dar um salto à frente, em direção ao seu objetivo e propósito. A pessoa resiliente tolera incertezas e consegue navegar com facilidade no mar de ambiguidades.

Luiza Helena, assim como muitos outros empresários, enfrentou dificuldades em seu negócio durante a pandemia provocada pela covid-19. Seu negócio, que operava prioritariamente por meio de lojas físicas, se viu bastante impactado devido às ações de isolamento social impostas como medida de segurança para conter a disseminação do vírus. Luiza e seu time aprenderam com essa adversidade e focaram achar soluções para manter a saúde de seus negócios. Foi quando apostaram e tiveram bastante sucesso nos canais digitais para vendas, habilidade que acabaram expandindo para ajudar pequenos empresários a manterem seus empreendimentos durante a pandemia. Essa situação reflete a mentalidade resiliente de Luiza, que lidou com as dificuldades de maneira positiva a fim de buscar soluções para adaptação à nova realidade.

O modo como uma pessoa lida com o desconforto mostra se ela tem ou não a capacidade de resiliência. Se ela consegue se manter perseverante e tolerar os desconfortos, aprender com as dificuldades e adaptar sua maneira de agir, ela se fortalece e consegue chegar a um próximo nível de desenvolvimento pessoal. Isso não quer dizer que uma pessoa resiliente não sofra, não reclame ou não tenha dias ruins. Ela só não fica paralisada por esses sentimentos. Segue em frente e mobiliza a sua energia para o que quer realizar. Uma das melhores estratégias das mulheres que conciliam carreira e maternidade é viver um dia de cada vez, para usufruir de seus prazeres, mas também fracionar suas dores.

E você, qual a solução que pode dar a uma reclamação sua hoje mesmo?

130 *Única*

Como vimos no capítulo anterior, o autoconhecimento é um processo contínuo e fundamental para nos trazer a clareza de quem somos. Ele nos ajuda a descobrir e a viver de acordo com a nossa singularidade. Ser única envolve aprender e colocar em prática, por meio do autoconhecimento, o que faz de você uma pessoa singular. É saber dos seus valores e princípios e basear neles as suas decisões. É reconhecer seus pontos fortes e usá-los a seu favor e em benefício da sociedade. É ter consciência dos seus pontos de desenvolvimento e investir energia naqueles que a impedem de progredir. É trazer com você o seu pacote completo, com qualidades, defeitos, aprendizados, experiências, paixões e contribuições que fazem de você uma pessoa especial e sem igual.

Uma mãe na liderança que representa bem esse conceito é a Rosely, uma pessoa que se manteve fiel à sua singularidade ao longo de sua jornada. Foi honrando seus valores de infância, sua história familiar e sua paixão pelos livros com o potencial de transformação na vida das pessoas que Rosely deu seus maiores passos profissionais. Enfrentou grandes desafios e construiu sua marca com firmeza de direção, mas sempre com sorriso no rosto e fala serena, sem perder sua essência. Suas trajetórias pessoal e profissional fizeram dela uma pessoa única, com uma contribuição igualmente única no seu setor de atuação, vide os resultados de sua empresa.

Como vemos no exemplo de Rosely, uma pessoa única tem uma marca pessoal clara. Ela consegue se posicionar em respeito à bagagem que carrega. Não se sente intimidada nem deixa que passem por cima de seus valores. Não dá espaço para que atropelem sua individualidade. Esse é um dos seus diferenciais. Enquanto profissionais, nós até podemos ser substituídos nas funções que desempenhamos, mas enquanto seres humanos únicos, na totalidade dos papéis que representamos e dos relacionamentos que mantemos, somos insubstituíveis, e esse é o nosso poder.

E você, o que de único veio agregar neste mundo?

Merecedora

Sentir-se merecedora de realizar sonhos e ter sucesso é, infelizmente, uma das habilidades mais difíceis para as mulheres. As diversas pedras no caminho nos afastam da crença de merecimento. Mas, uma vez que nos damos conta disso, precisamos fazer um movimento consciente para reforçar que podemos, sim, conquistar nossos objetivos e, mais que isso, merecemos!

O fato de uma pessoa reconhecer que é merecedora de sucesso é como dar um crédito ao seu trabalho e ao seu esforço para chegar aonde deseja. Nós não merecemos algo quando não fazemos nada para que aquilo se concretize. Agora, quando nos dedicamos, saímos da zona de conforto, partimos para a ação e persistimos na busca, isso faz de nós merecedoras. Quando Cristina Junqueira decidiu pedir demissão do emprego que ela tinha no banco porque não teve suas propostas de inovação aprovadas, sabia que suas ideias estavam na direção certa e que merecia implementá-las. Os resultados de seus empreendimentos mostraram que ela estava correta. Sentir-se merecedora é reconhecer o seu autovalor, valorizar as contribuições que agrega nos diferentes papéis que desempenha.

O merecimento ativa um círculo virtuoso na cognição da pessoa. Quando ela trabalha, se dedica, faz por merecer. Quando ela conquista, sente que merece e, então, faz mais para continuar merecendo, e assim, evolui mais, arrisca mais, como também conquista mais. Esse é um dos segredos para o sucesso. E, quando você sente gratidão por suas conquistas, isso reforça a sua confiança e abre espaço para mais conquistas. Se não se sente merecedora, você nem arrisca. Normalmente, a maior dificuldade para as mulheres está em se permitir romper a barreira de entrada nesse círculo. O problema está em achar que precisamos estar 100% prontas para merecermos dar um passo a mais na carreira, por exemplo. E não é assim que funciona, porque, se fosse, não haveria espaço para desenvolvimento e todos já deveriam começar prontos desde sempre. A chave para destravar o merecimento é dar um passo à frente enquanto trabalha para construir os próximos passos da sua estrada. É um exercício constante e progressivo, que costuma evoluir em conjunto com a autoconfiança.

E você, o que merece alcançar nesta vida?

132 *Autoconfiante*

Uma pessoa autoconfiante tem segurança nas suas habilidades, competências e entrega. Autoconfiança tem menos a ver com os resultados obtidos em si e mais com as percepções que a própria pessoa tem de seus potenciais resultados. Ao longo da minha experiência em Recursos Humanos, já vi muita gente competente entregando resultados extraordinários e se sentindo insegura com eles, assim como já presenciei muitas pessoas que entregavam resultados medianos, mas se achavam a "última bolacha do pacote".

Autoconfiança também tem a ver com autopercepção de valor, e isso influencia diretamente na sua prontidão para assumir riscos e se dar a oportunidade de alcançar novos patamares. Ela também reflete em como os outros vão perceber você e suas competências, afinal, se você mesma não confia em si, por que outros confiariam? Foi o desafio que Rachel Maia enfrentou na pele por grande parte de sua carreira. Ela frequentava ambientes onde pessoas como ela – mulher, preta, da periferia – incomodavam. Só por apresentar esses atributos, a maioria já duvidava da competência dela. Portanto, Rachel não tinha outra opção que não fosse ser autoconfiante para sobreviver e ter sucesso nesse tipo de ambiente.

O desenvolvimento da autoconfiança envolve acreditar no seu potencial e sentir que pode alcançar, enquanto batalha para entregar. Honrar as qualidades que tem sem medo de parecer arrogante, mas apenas se dando os próprios créditos. Lidar diariamente com qualquer sinal da "síndrome da impostora" e não se deixar intimidar ou paralisar por ela. Celebrar as conquistas do dia a dia para ajudar a reforçar o que você é capaz de realizar. Evitar comparações com resultados de outras pessoas ao redor e aceitar elogios e o reconhecimento do bom trabalho que você realiza, assim como das contribuições que você faz. Requer dar a você mesma chances de continuar concretizando e entregando com sucesso, mesmo que ainda esteja navegando um ambiente cheio de incertezas. Envolve estar confortável em ficar constantemente fora da zona de conforto, porque você sabe que uma hora conseguirá se autorregular novamente.

E você, quais das suas qualidades pode começar a honrar a partir de hoje?

Vulnerável

Vulnerabilidade envolve mostrar fragilidades, assumir o risco de se expor e compartilhar medos, inseguranças, erros, fraquezas e dúvidas. Falando desse modo, pode parecer contraditório com o que acabamos de discutir no tópico sobre autoconfiança, mas na realidade são habilidades complementares. O princípio da vulnerabilidade está em reconhecer que somos seres humanos com qualidades e defeitos e que não podemos dar conta de sermos perfeitos em tudo o que fazemos. E esse ato abre espaço para conexão e colaboração, além de nos libertar do sentimento de culpa.

Antes de me tornar mãe, eu achava que mostrar vulnerabilidade era um sinal de fraqueza. Eu sentia que precisava mostrar ao mundo que eu dava conta de continuar conquistando mais e mais sonhos pessoais e profissionais. Achava que se eu me mostrasse vulnerável, perderia a credibilidade das pessoas para continuar avançando. Até que meu puerpério me virou do avesso, e eu não consegui mais manter a minha armadura. A vulnerabilidade apareceu para mim como uma alternativa ao colapso físico, mental e emocional do pós-parto.

Hoje enxergo a vulnerabilidade como um ato de coragem e generosidade, na medida em que ela remove a tensão e o peso da hiper-racionalização e abre espaço para mostrar sua autenticidade assim como suas "fraquezas" ou "imperfeições", permitindo a emoção fluir ao compartilhar com outras pessoas. É um desarmar dos mecanismos de controle, viabilizando uma conversa de "alma para alma", que gera conexão, senso de pertencimento e normalmente provoca no outro uma empatia tão grande a ponto de que ele sinta que pode fazer algo para ajudar você com a sua fragilidade. Não se trata de esperar ou contar apenas com a ajuda de terceiros para que possa realizar seus sonhos, mas de aceitar ajuda se tiver a oportunidade.

E você, quais fragilidades está escondendo por trás de sua armadura?

Influente

Influência é a habilidade de persuadir alguém a fazer algo que inicialmente não havia sido planejado. É uma maneira de interferência no modo de pensar, sentir ou agir de outra pessoa, que é provocada a

134   partir de uma ação, discurso ou exemplo. Muitas mulheres se sentem incomodadas quando ouvem que precisam desenvolver influência, porque muitas acham que tem a ver com manipular ou enganar os outros. Mas isso não tem fundamento. Influência é a habilidade de se relacionar, de se comunicar e de engajar pessoas. Muitas de nós nem conseguimos comunicar aos outros quais são os nossos objetivos e sonhos. Achamos que vamos incomodar ou que vão pensar que somos oportunistas. Mas me permita lhe contar uma verdade: se você não se posicionar e comunicar seus interesses, alguém que está na posição de tomar uma decisão assumirá em seu lugar. E, quando isso acontece, você não tem a oportunidade de influenciar a decisão, fica à mercê do que supuseram sobre você. Isso ocorre no trabalho, na família e na roda de amigos. Portanto, ninguém melhor que você para ser seu próprio porta-voz.

Uma mãe na liderança que tem forte poder de influência, a meu ver, é a Cris Junqueira. Depois que saiu do banco em que trabalhava, buscou potenciais parceiros para o seu empreendimento que tiraria do papel suas ideias inovadoras para o mercado financeiro. Por meio de conexões, Cris conseguiu sócios para sua empresa e até mesmo, quando estava com sete meses de gestação de sua primeira filha, viajou para os Estados Unidos para se reunir com grandes investidores e conseguir capital internacional para o desenvolvimento de seu negócio. Influência é uma habilidade fundamental para a liderança, na medida em que líderes precisam de outras pessoas para concretizar seus planos.

Mas como fazer de fato para conseguir influenciar alguém? Aqui vão algumas técnicas. O modo mais eficaz é se conectando de maneira respeitosa e gentil com a pessoa, mostrando-se genuinamente interessada na sua história e no que ela tem a contribuir, buscando similaridades e interesses em comum que despertem nela emoção e senso de pertencimento a um mesmo grupo que você. Demonstre empatia pela pessoa e pelas prioridades dela. Faça elogios sinceros sobre o que aprecia nela. Escute bastante e ativamente para entender o que essa pessoa valoriza e então mostre como a solução que você está tentando implementar pode ser benéfica tanto para você como para ela. Faça o outro se sentir feliz em defender a ideia que você sugeriu, gerando comprometimento em apoiá-la. Influência é uma via de mão dupla. É importante também selecionar quem são as pessoas que a inspiram, cujas histórias e exemplos influenciam a sua jornada. Isso lhe dá um norte e ajuda a sua mente a focar na solução, a acreditar que é possível, a se manter firme no propósito.

E você, com que pessoas tem que se conectar e quem precisa influenciar para avançar nos seus sonhos?

Determinada

Uma pessoa determinada tem persistência e foco para conseguir o que deseja. Consegue permanecer firme no seu objetivo, com empenho, garra e perseverança para superar dificuldades no percurso e continuar perseguindo a meta a ser atingida. Tem clareza sobre onde quer chegar, sabe que precisa fazer escolhas que a mantenham na direção de seu propósito e remove distrações no caminho.

Luiza Helena mostrou bastante determinação ao longo de toda a sua trajetória. Começou a trabalhar bem cedo no negócio da família, no período de férias escolares. Quando entrou para a faculdade de direito, trabalhava durante o dia na loja e estudava à noite. Iniciou de baixo na empresa e persistiu no seu sonho de continuar crescendo nos negócios da família. Seu foco e determinação a levaram a alcançar a cadeira número um, não apenas daquela loja onde iniciou sua carreira, mas de todo o império do varejo que construiu.

Agir com determinação envolve fazer sacrifícios em prol de alcançar seus objetivos. É ser intencional em suas ações e decisões. Envolve dizer mais "não" aos outros e mais "sim" aos próprios sonhos. Não é fazer somente o que se gosta, mas o que precisa ser feito, na hora em que precisa ser feito. É não procrastinar. É ter a clareza de que primeiro vem o dever e depois o lazer, assim como primeiro precisamos trabalhar e servir para depois podermos ser servidos. É se manter atualizada e relevante, aprender constantemente sobre temas que ajudarão na sua jornada. A determinação mantém a motivação para continuar em movimento, apesar dos desafios no caminho.

E você, quais "nãos" precisa começar a dizer aos outros para poder dizer mais "sins" a si mesma?

136 *Apaixonada*

Mães na liderança são movidas por suas paixões. Qualquer outro sentimento menos intenso ou profundo que esse não seria capaz de sustentar tamanha motivação e perseverança que são requeridas para superar as adversidades em seus caminhos. E aqui não estou me referindo a qualquer tipo de paixão, mas especificamente à paixão da mulher por seu propósito de vida e por seus filhos.

Como vimos nos exemplos das mães na liderança, Cris Junqueira segue movida por sua paixão e propósito de construir um mundo em que suas três filhas possam sonhar em ser o que quiserem. Com isso, ela lida com os desafios do dia a dia, faz tudo o que pode para servir de exemplo de que é possível batalhar e realizar sonhos pessoais e profissionais, como também promove diretamente em sua empresa ações para garantir maior diversidade. Por meio de sua paixão, Cris promove a mudança que ela deseja ver no mundo.

Na minha experiência acompanhando outras mulheres, percebi que, sem paixão por suas conquistas e sem forte conexão com filhos, torna-se insustentável a conciliação de carreira e maternidade. Quando falta paixão, o desafio da conciliação tende a perder o brilho e pode virar um fardo, dado que não é uma tarefa nada fácil. E, quando isso acontece, normalmente o lado em que existe menos paixão – seja o profissional ou o da maternidade – é o que fica menosprezado. A paixão por seus propósitos e a forte conexão com seus filhos mantêm a chama da perseverança acesa no coração das mães na liderança para superarem as pedras do caminho.

E você, quais paixões a movem para superar desafios e transformar sua realidade?

Esses dez elementos de liderança são os que fazem a diferença em qualquer pilar da vida da mulher, seja no pessoal, no profissional, nos relacionamentos, na saúde, nas finanças etc. Você pode se sentir incomodada ao perceber que não tem todas as respostas às reflexões pelas quais passamos neste momento. E não tem nenhum problema nisso. Ninguém nasce pronto. Essas são habilidades que podem ser aprendidas, desenvolvidas e praticadas no dia a dia. São como músculos, requerem exercício regular para seu fortalecimento. Cabe a constante

É importante selecionar quem são as pessoas que a inspiram, cujas histórias e exemplos influenciam a sua jornada.

@maesnalideranca

138 reflexão e exame de consciência para analisar se a liderança está sendo exercida em seu potencial máximo e mapear intencionalmente oportunidades de colocar mais dessas qualidades em prática.

Maternidade como oportunidade para desenvolvimento de uma grande líder

Trabalhando com mulheres ao longo da minha trajetória, percebi que, quando passam pelo portal de transformação da maternidade e enfrentam a travessia em mar aberto, elas tendem a desenvolver ou reforçar habilidades de liderança. Vimos, no primeiro capítulo, o quanto as mulheres são sobrecarregadas com tarefas domésticas e cuidados maternos. Esse é um cenário que não podemos aceitar e que precisa ser mudado, com toda a certeza. No entanto, é inquestionável que as dificuldades enfrentadas pelas mulheres e mães fazem com que elas desenvolvam mecanismos de adaptação, habilidades que vejo que são muito semelhantes às de liderança. Se fizermos um exercício de consciência sobre a experiência da maternidade, vamos ver o quão óbvia fica essa conclusão.

Ainda na gravidez, a mulher resiste aos desconfortos causados pela grande transformação fisiológica, hormonal e emocional que passa ao gerar um bebê. Ela carrega peso extra na gestação, abre mão de bebidas alcoólicas e alguns tipos de alimentos. Dorme mal, porque a barriga não deixa muitas opções confortáveis, além de que precisa levantar diversas vezes durante a noite para fazer xixi, dada a compressão da bexiga. Aguenta as dores do parto e pós-parto, as dificuldades com a amamentação, resiste às noites mal dormidas de quando se tem um bebê em casa. Apesar de todos esses desafios, a mãe se mantém presente e disponível para o bebê. Aqui vejo duas principais habilidades: **adaptabilidade** e **resiliência**. Se existe ser humano mais resiliente que uma mãe, eu desconheço!

Mães não fazem o que querem, necessariamente. Elas fazem o que precisa ser feito. A maioria das mães que eu conheço gostaria de dormir até mais tarde no fim de semana ou de passar um dia todo "de folga", sem serem demandadas por crianças. No entanto, elas sabem de suas responsabilidades e, em geral, mesmo que contem com o apoio de cônjuges ou parceiros e rede de apoio, elas geralmente se sentem responsáveis por atender as necessidades básicas das crianças. Tem dias que eu não tenho a menor vontade de preparar refeições. Antes de ser mãe, nesses dias eu provavelmente faria um sanduíche rápido para mim e resolveria o problema. Agora, saber que tem alguém que depende de mim e que precisa ser alimentada de modo saudável me faz superar a preguiça e preparar a refeição de que minha filha precisa, como arroz, feijão, carne e legumes. Sabe o que move as mães para esse tipo de ação? É o seu senso de **responsabilidade**, **comprometimento** e **propósito**. Elas têm um "para quem" ou "por quem" agirem, o que vai além delas mesmas.

Quando o bebê ainda é pequeno e não consegue se comunicar com facilidade, a mãe fica atenta e busca sinais para tentar entender as suas necessidades. Depois de muito praticar esse exercício diário, com o passar do tempo, ela geralmente já sabe a diferença entre o choro de sono, o choro de fome, o choro de quando quer colo e o choro de dor de seu filho. Esse exemplo mostra que as mães desenvolvem **olhar atento, escuta ativa** e **empatia**, para se colocar no lugar do outro e entendê-lo, mesmo quando a pessoa tem dificuldade de se comunicar.

Sabe quando a criança fica doente na mesma semana que você e sua família haviam planejado uma viagem, a ajudante extra teve um imprevisto e não conseguiu ir até a sua casa apoiar você e você ainda tem que dar conta de fazer uma entrega importante no trabalho? E você não sabe como, mas ao final, tudo se encaixa? É o que eu chamo de saber **agir sob pressão** e **gerenciar crise**. E as mães são ph.D. em gerenciar experiências como essa, cheias de fatores imprevisíveis.

Por exemplo, você vai ao shopping com a criança comprar um presente de aniversário para um coleguinha de turma, e ela cisma que quer levar os brinquedos que viu na loja. Você então tenta convencê-la de que não pode comprar o que ela quer e que vocês precisam ir logo à festa. A criança não cede e começa a chorar, dizendo que quer muito os brinquedos. Todos à sua volta começam a olhar a cena e você se vê no foco da atenção, como se estivesse em um palco de teatro. Você não quer ser vista como a vilã, a mãe má por

140 deixar a criança aos prantos, como também não quer ser vista como a mãe que não tem controle nenhum. Esse problema a faz pensar em estratégias para contornar a situação. Então, você tem uma ideia e decide arriscar. Tira foto dos brinquedos e diz para a criança que já a enviou para o Papai Noel, mas que ela precisa se comportar bem para ganhar aqueles presentes no Natal. A criança para de chorar e aceita sair da loja de modo tranquilo. Essa situação reflete habilidades de **inteligência emocional, gestão de conflitos, criatividade, influência, negociação** e **tomada de riscos**.

Mesmo que muitas mães não se deem conta, elas realizam muito, o tempo todo, nos seus diferentes papéis sociais, como mãe, esposa, mulher, trabalhadora etc. Em geral, as mães com quem trabalhei precisavam fazer suas entregas dentro do horário regular de trabalho, dados os seus compromissos familiares, principalmente quando envolvem filhos pequenos. Com isso, desenvolviam habilidade de **planejamento, priorização** de atividades, aprendiam a **dizer não** a demandas fora de seu escopo, apresentavam **objetividade** para resolução de problemas e alta **produtividade**.

Filhos nos dão a oportunidade de nos desenvolvermos como pessoas e como profissionais. Uma pesquisa realizada pela consultoria Filhos no Currículo, em parceria com o Movimento Mulheres 360, revelou que 98% das pessoas entrevistadas confirmaram ter desenvolvido habilidades de liderança a partir de sua experiência com os filhos.[134] As mais destacadas foram paciência, tolerância, priorização, empatia e criatividade. Para mim, a habilidade de liderança mais incrível desenvolvida pelas mães quando estão em plena conexão com seus filhos é a capacidade de **revolucionar**, o transbordar no seu **senso de propósito** quando elas sentem fortemente que precisam transformar algo no mundo, agindo não apenas por si, mas principalmente movidas por sua necessidade de deixar um **legado** para seus filhos e a humanidade. É aí que elas destravam uma força transformadora inimaginável, capaz de transpor quaisquer barreiras e desafios no caminho, a fim de mover suas próprias revoluções.

Você deve estar se perguntando: "Mas, se as mães desenvolvem competências de liderança tão poderosas com a maternidade, por que não as vemos avançando em suas carreiras e ocupando cada vez mais espaços de poder?". Lembra-se das pedras no caminho que falamos no primeiro capítulo? São elas que atrapalham os caminhos das mulheres. Porém, como exploramos no Capítulo 4, algumas mães conseguem driblar as barreiras em suas trajetórias e alcançam o sucesso tanto no lado pessoal quanto no profissional. Pode ter certeza de que a liderança foi um fator fundamental para essas mulheres.

E vale notar que, assim como a maternidade ajuda no desenvolvimento de liderança que pode ser aproveitada profissionalmente, o inverso também se aplica. A mulher que já atua como líder pode alavancar suas habilidades de liderança para lidar com os desafios diários da maternidade. Se você voltar na lista das dez características de liderança e confrontar com os exemplos que eu trouxe aqui sobre os desafios da maternidade, verá que tudo se encaixa. O que muda é apenas o conteúdo, o contexto e as pessoas envolvidas nos desafios, mas a atitude e o posicionamento de liderança continuam sendo igualmente fundamentais. E, se você está focando na sua carreira neste momento e com dúvida sobre se tornar mãe ou não, veja que a maternidade é um curso avançado único e exclusivo de desenvolvimento pessoal, profissional e de liderança.

Afinal, como nos mostra a jornada do autoconhecimento discutida no primeiro pilar do método ALTA, nós somos seres integrais e complexos, e a nossa individualidade, vivida por meio dos diferentes papéis sociais que ocupamos, faz de nós pessoas únicas. E ninguém melhor que nós mesmas para conhecer a nossa essência e o tamanho dos nossos sonhos. Como segundo pilar do ALTA, portanto, a liderança é o que nos dá o poder de ação para chegar onde somente nós sabemos que podemos alcançar quando temos clareza de quem somos e dos nossos potenciais. **Liderança é uma decisão diária, um esforço intencional que se baseia em uma medida de sucesso única e pessoal.**

Capítulo 8

Talento

O poder da contribuição social

Dentro do método ALTA, após descobrir quem você é, sua missão e visão neste mundo, por meio do autoconhecimento, e aprender como se posicionar para alcançar seus objetivos, por meio da liderança, o terceiro pilar vem ajudá-la a ter clareza de quais talentos são suas fortalezas e diferenciais. A proposta é que, para exercer sua liderança e ser capaz de promover sua revolução no mundo, você foque cultivar e expandir os seus talentos.

O que é talento?

Talento é uma capacidade diferencial que uma pessoa tem em relação a um grupo. Pode ser entendido como um padrão de pensamento, sentimento ou comportamento diferencial com o potencial de gerar resultados excepcionais, se aplicado e praticado. Eu acredito que toda pessoa tem um grupo de talentos. Isso mesmo. Não apenas um, mas um grupo de diferentes tipos de talentos. E isso dá a você a oportunidade de testar, desenvolver e aplicar talentos de modo que coloque em ação aqueles com os quais você se identifica.

Talento é diferente de dom. Enquanto o primeiro traz uma predisposição, uma potencial habilidade diferencial, o segundo seria uma característica de dádiva, um tipo de presente divino inato que vem junto com o nascimento. Para ilustrar a diferença, dom é o que justifica uma criança como o Frédéric Chopin publicar sua primeira composição aos 7 anos e tocar piano com uma orquestra aos

8. A meu ver, dons são raros, intangíveis ou até mesmo "mágicos", e não tenho conhecimento nem especialização para falar sobre eles. Meu foco sempre foi em talentos, em como descobri-los, despertá-los e desenvolvê-los. Talentos são mais acessíveis e são tangíveis. Podemos investigá-los por meio de métodos, ferramentas e testes. Todos possuem talentos, mesmo que a maioria ainda não tenha conhecimento deles nem tenha tido a oportunidade de desenvolvê-los.

Conceitualização de talento e habilidade

Cabe aqui outra diferenciação importante de terminologias que geralmente são utilizadas de modo intercambiável com o termo "talento", mas que apresentam diferenças relevantes dentro da conceituação que utilizo no pilar de talento dentro do método ALTA. São elas aptidão e habilidade. Entendo aptidão como a capacidade inata que demonstra uma inclinação natural para desenvolvimento de um talento em potencial. Aptidão é uma aposta para o futuro. Se ela não for praticada e desenvolvida, não se transforma em talento. Já a habilidade denota uma capacidade presente, já desenvolvida por meio de prática e esforço. Ela é construída no passado e traz uma capacidade a ser utilizada no tempo presente. A aptidão pode facilitar e agilizar o processo de desenvolvimento de uma habilidade diferencial, que é o talento. No entanto, aptidão não é um requisito para que uma pessoa se torne hábil em algo. O esquema a seguir ilustra e resume a relação entre os diferentes conceitos que exploramos aqui e que vão ser fundamentais para a compreensão deste capítulo. Além disso, mais adiante, conto para você como identifiquei meus talentos, e isso poderá ajudá-la a clarear os conceitos abordados.

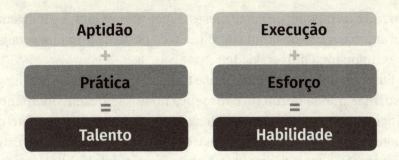

Do ponto de vista individual, ter clareza sobre seus talentos ajuda você a se sentir confiante de que pode realizar e conquistar sucesso. Aprender a desenvolver seus talentos e a aplicá-los ajuda você a ter mais chances de obter realizações por meio deles. Quando em ação, esses talentos têm o potencial para levá-la a ter resultados excepcionais, ser bem-sucedida e se sentir realizada pessoal e profissionalmente. Do ponto de vista do coletivo, quando seus talentos estão em ação e voltados para promover o bem, eles têm o potencial de ajudar muitas outras pessoas, que poderão usufruir do produto final do seu trabalho. Esse é o poder da sua contribuição social, a sua oportunidade de criar sua revolução no mundo.

Se você conhece seus talentos, tem condições de exercê-los, mas abre mão de colocá-los em ação, isso pode ser um sinal de egoísmo. O ser humano é, em sua essência, um ser social. Nós nascemos e somos construídos em sociedade. Portanto, o seu trabalho, quando conectado com seus talentos, confere a você uma das maiores oportunidades de contribuição ao coletivo. No entanto, de acordo com a minha experiência, a maior dificuldade das pessoas está em um passo anterior, que é o de identificar seus talentos.

Como identifiquei meus talentos?

Descobri meus talentos após muitas tentativas e erros. Não conhecia uma fórmula mágica ou um atalho que me mostrasse de maneira clara e rápida em quais áreas eu tinha aptidões ou potenciais diferenciais para desenvolver. Eu nasci na Zona Norte do Rio de Janeiro, a terceira filha de quatro irmãos, filhos de pai comerciante e de mãe que abriu mão da carreira de professora para cuidar dos filhos e da casa.

146 Sou fruto da mistura de portugueses, espanhóis, chineses e indígenas nos antepassados da minha família e faço parte da primeira geração que cursou uma universidade.

Fui criada em uma família que se tinha como prioridade. Não havia luxo, mas nunca faltou investimento no nosso desenvolvimento, principalmente educacional. Nunca faltou foco no ensinamento de valores como trabalho, honestidade e família em primeiro lugar. Estudei durante a maior parte da vida em uma escola pública e cresci acreditando que podia conquistar, que seria a única responsável pelo meu futuro. Tive apoio da minha família para buscar mais do que eles mesmos alcançaram e puderam nos proporcionar. Com o nível de consciência que tenho hoje, olho para trás e consigo enxergar que, apesar das melhores intenções, meus pais acabaram projetando em mim os sonhos profissionais que não puderam realizar.

Meu pai tinha uma veia artística. Sempre foi amante do rock e, quando jovem, produzia eventos e tocava como DJ com seus amigos. Mas o seu ganha-pão veio do trabalho como comerciante. Na minha infância, eu me assemelhava ao meu pai por gostar de música, ao mesmo tempo que me diferenciava dele por saber dançar. A minha família achava que eu tinha muito talento artístico e, como a maioria dos "pais corujas" bem-intencionados, os meus me fizeram acreditar na ideia. Investiram em aulas de dança, canto, participação em apresentações e até musicais. Mas foi nesses ambientes que convivi com outras meninas que dançavam e cantavam muito melhor que eu, então percebi que eu estava na média, não no topo, como meus pais me fizeram acreditar por um tempo. Em outras palavras, o que eles pensavam ser um talento diferencial era apenas uma habilidade que eu estava continuamente desenvolvendo, com esforço e disciplina.

Minha mãe também sempre foi muito prendada e uma cozinheira de mão cheia. Quando criança, vez ou outra eu tentava aprender com suas habilidades. Aprendi a fazer crochê, mas achava um saco o tempo que demorava para fazer apenas uma fileirinha de pontos. Tentei assar alguns bolos, mas todos, sem exceção, ficavam solados. Eu poderia ter insistido para me aperfeiçoar, sabia que poderia fazer alguns bolos fofinhos em vez de apenas bolos solados, mas, como definitivamente esse não era um dos meus talentos, deixei de lado. No período de férias escolares, eu gostava de fazer uma graninha extra.

Inventava de fazer bijuterias de miçangas, organizava bingos com os amigos, vendia picolés em saquinho, o que no Rio chamamos de "sacolés". Sentia que eu tinha facilidade nesse tipo de coisa e me sentia bastante confiante e feliz por conseguir ver o resultado do meu trabalho. Hoje entendo ser uma aptidão para o empreendedorismo, que se mantém ativa constantemente na minha vida.

Outro trecho importante da minha história no que diz respeito à identificação de talentos foi no período do vestibular. Meus pais nunca fizeram pressão direta, mas me encorajavam a escolher medicina. Eu sabia que esse não era o curso para mim. Acreditava que tinha o talento de dar bons conselhos para as pessoas, de mediar conflitos, de conseguir ser a mais racional quando os outros eram tomados pela emoção para uma tomada de decisão. Por isso, achei que psicologia seria o curso que mais se aproximaria desse meu perfil. Contrariando a vontade dos meus pais, decidi cursar psicologia. Mesmo não tendo certeza de que meu futuro daria certo, era importante quebrar as expectativas alheias, para me dar a oportunidade de viver o que achava que merecia, a minha autenticidade.

Eu tinha pressa. Tinha também muito foco, disciplina, vontade de conquistar. Esses foram os valores que nortearam a minha trajetória profissional. Eu tinha fome de começar a trabalhar, ter meu próprio dinheiro, alcançar minha liberdade e desafogar meus pais. Minha faculdade de psicologia era em período integral. Por hobby, decidi fazer uma segunda faculdade, de letras-inglês com literaturas, no período da noite, pela Universidade Estadual do Rio de Janeiro. Com isso, passava o dia inteiro fora de casa. Saía às 6h e voltava às 23h apenas para tomar banho, comer e dormir. Estudava no trajeto para a faculdade ou no caminho entre uma universidade e outra. Não me permitia nem ter enjoo de ler em um ônibus em movimento. E, a cada dia daquela batalha, eu ia conquistando o que hoje muitos pensam ser privilégios.

Muito longe disso! Eu ia atrás das oportunidades e me agarrava a todas. Já fui monitora de disciplina, bolsista de pesquisa do CNPq, dava aulas todos aos sábados em cursos de pré-vestibular, fui fiscal de prova de vestibular e corretora de testes psicológicos. Durante quatro períodos, cursei as duas faculdades em paralelo. Até que chegou um momento em que precisei fazer estágio na psicologia, que era a minha prioridade. Foi difícil a decisão, por eu realmente achar que poderia dar conta de tudo, mas precisei abandonar o curso de letras. Minha família e amigos davam como certo que eu seria psicóloga clínica, que atenderia em consultório. Mas, de novo, essa não parecia ser a coisa certa para mim naquele momento. Comecei então a estagiar em diferentes áreas da psicologia: pesquisa, esportes e testes clínicos, até que me encantei pela psicologia organizacional. Foi experimentando que conheci minhas aptidões e, consequentemente, meus talentos. Fiz parte da Empresa Júnior da faculdade, e foi lá que mergulhei no mundo de Recursos Humanos. Trabalhava com empenho e sem remuneração, mas ganhei experiência, conhecimento e alguns bons contatos na área. Plantei com empenho aquilo que tinha esperanças de poder colher no futuro.

O que era um curso para ser finalizado em dez períodos, consegui completar meus créditos em nove, afinal, como já disse aqui, eu tinha pressa e também foco. Saí da faculdade já trabalhando como consultora em uma agência de recrutamento e seleção e com outras duas ofertas de emprego. Mas, aos 23 anos, decidi fazer um intercâmbio nos Estados Unidos para aprimorar meu inglês. Apesar de ter formação em cursinho, sentia que minha fluência poderia melhorar e que isso poderia ser uma barreira para eu conquistar um emprego melhor em alguma grande empresa.

Juntei todo o dinheiro que pude dos estágios e aulas que dava para pagar o intercâmbio. Fiz um esquema em que poderia trabalhar e estudar, afinal, precisava bancar o meu sustento por lá. Foram quatro meses em que pude aprimorar meu inglês e também conhecer uma nova cultura. E mais que isso, uma sensação de vitória, de ter podido organizar, custear e realizar a minha primeira viagem internacional. Com o dinheiro que juntei do trabalho lá, ainda fui conhecer Nova York e depois a Disney. O que seria um intercâmbio com foco em melhorar o inglês acabou se tornando um portal para me mostrar um mundo de oportunidades. Abriu portas da minha ambição de querer conquistar mais e poder me proporcionar mais dessa vivência. Eu sentia que eu merecia mais daquilo.

Quando retornei ao Brasil, decidi que queria seguir carreira em uma empresa internacional. Participei de alguns processos seletivos e consegui entrar em uma consultoria multinacional de gestão de negócios. Todos os dias eu ralava muito, mas também aprendia muito. Senti que aquele ambiente era o meu lugar. Ao mesmo tempo que me desafiava, me dava oportunidades de me desenvolver e mostrar o meu valor. Meu primeiro projeto foi no interior do Pará, em uma grande empresa, mas um ambiente difícil, principalmente para as mulheres. Porém topei o desafio. Saí da zona de conforto de morar no Rio, perto da família e amigos, onde vivia em uma casa confortável e tinha fácil acesso a várias opções de lazer. Morei no Pará por um ano, mas voltava para o Rio a cada quinze dias para passar o final de semana. Como a vida tem mesmo as suas surpresas, foi nessa experiência que conheci o meu marido, Felipe — um carioca que também estava por lá a trabalho. Pois é, a vida tem dessas surpresas.

Fiz mestrado em Administração a fim de complementar minha formação para desenvolver um olhar mais integral do mundo dos negócios, mudei de emprego e retornei para a área de Recursos Humanos de uma multinacional. Meus esforços, trabalho duro, resultados e o reconhecimento que obtive através de promoções consecutivas me mostraram que um dos meus talentos estava relacionado ao desenvolvimento de pessoas e de liderança.

Eu quero compartilhar com você como descobri outra aptidão minha, ainda na infância, e que hoje considero um talento em contínua evolução. Meus pais sempre me estimularam muito para os estudos. Lembro que, quando eu tinha 6 anos, eu decidi escrever um livro sobre um gatinho muito inteligente que passava por aventuras para conseguir voltar para casa. Eu não só escrevi o livro como desenhei suas ilustrações. Achava que ele estava pronto para ser vendido e meu público-alvo era a minha família e amiguinhos da escola. Minha mãe ficou toda orgulhosa e deu força para eu pedir um patrocínio financeiro ao meu avô paterno para pagar dez fotocópias do meu livro.

Aquele foi meu primeiro contato com a escrita de modo mais marcante. Ainda quando criança, ganhei concurso de poesia na rádio. No colégio, me destacava nas provas de redação e nos concursos literários. Na faculdade, tinha bastante facilidade para escrever e publicar artigos. No mestrado, exercitei ainda mais a escrita e a produção científica.

Depois que me tornei mãe da Mallu e mergulhei na travessia em mar aberto, minha fome por promover transformação de pessoas ficou ainda mais forte. Por isso, criei meu perfil no Instagram (@maesnalideranca), com o intuito de ajudar, principalmente por meio da escrita, a desenvolver mais pessoas e encorajar mulheres na conciliação de carreira e maternidade. Foi assim que passei a combinar dois talentos, desenvolvimento de pessoas e escrita.

E, depois de mais de trinta anos do meu primeiro livrinho, me reconectei com o potencial talento que aquela menininha com cabelo preto de franjinha descobriu lá atrás. A ideia deste livro surgiu da necessidade de expandir ainda mais o meu alcance e do meu desejo de gritar por aí que as mulheres não precisam ter de escolher entre ser mães ou profissionais.

Se observo minha trajetória na escrita, à luz dos resultados que obtive por meio dela ao longo da minha vida, posso considerar que eu já tinha essa aptidão. No entanto, foi com a prática, anos de experiência, prática, erros e acertos que ela se transformou em talento. E não se engane. O desenvolvimento é um processo contínuo. Assim como disse Luiza Helena, "você não tem sucesso, você está com sucesso", e o mesmo se aplica ao talento. Não se trata de um direito adquirido, mas de constante prática, foco e perseverança. Para escrever o livro que você está lendo agora, li dezenas de outros livros, pesquisei centenas de artigos científicos, participei de mentorias para escrita, tive muito apoio da família, terapeuta e amigos. Não foi pura inspiração. Sim, ela existiu, mas teve muita transpiração também. Esse é o exemplo vivo de como transformar aptidões em talentos inigualáveis e com potencial de revolucionar vidas por meio da vivência do nosso próprio propósito. Como já falei, só podemos transformar e inspirar outras pessoas com a nossa própria transformação.

Como identificar os seus talentos?

Uma linha tradicional da psicologia defendia uma visão singular do talento medida pela avaliação do quociente de inteligência — o famoso teste de QI. Vejo que essa concepção é muito limitada, pois reduz a inteligência apenas aos parâmetros de aptidão numérica, lógico-matemática, linguística ou espacial. Na minha visão, o ser humano pode ter habilidades em muitos outros campos. Por isso, eu defendo a teoria das inteligências múltiplas,[135] criada sob a liderança do psicólogo Howard Gardner, a partir de um grupo de estudos e experimentos científicos na Universidade de Harvard na década de 1980. Por meio da aplicação dessa teoria no método ALTA, eu consigo gerar reflexão e um diagnóstico sobre as diferentes aptidões da pessoa. Segundo a teoria, existem pelo menos oito tipos de inteligência:

1. **Inteligência linguística**: habilidade de analisar informações e criar produtos envolvendo linguagem escrita e oral, tais como discursos, livros e documentos.
2. **Inteligência lógico-matemática**: habilidade de desenvolver equações, fazer cálculos e resolver problemas abstratos.
3. **Inteligência espacial**: habilidade de reconhecer e manipular imagens espaciais de grande escala e alta granularidade.
4. **Inteligência musical**: habilidade de produzir, lembrar e dar significado a diferentes padrões de som.
5. **Inteligência naturalista**: habilidade de identificar e distinguir entre diferentes tipos de plantas, animais e formações climáticas que são encontrados no mundo natural.
6. **Inteligência corporal-cinestésica**: habilidade de usar o próprio corpo para criar movimentos, produtos ou resolver problemas.
7. **Inteligência interpessoal**: habilidade de reconhecer e entender o humor, desejos, motivações e intenções dos outros.
8. **Inteligência intrapessoal**: habilidade de reconhecer e entender seu próprio humor, desejos, motivações e intenções.

De acordo com a teoria das inteligências múltiplas, as pessoas têm fortalezas e fraquezas em todos os tipos de inteligências e ninguém, nem mesmo gêmeos idênticos, é capaz de apresentar perfil com resultados iguais em todos os tipos de inteligências. Cada ser humano conta com uma combinação de fortalezas e fraquezas únicas. Essa teoria é um divisor de águas na avaliação de habilidades cognitivas humanas. Somos fruto de um sistema social e educacional que em geral prioriza habilidades matemáticas, numéricas ou linguísticas em detrimento de outros tipos de inteligência. Quantas crianças

152   você já viu serem chamadas de "burras" porque apresentavam dificuldades em matemática? E não importava que elas fossem acima da média no uso de instrumentos musicais.

O parâmetro costumava ser excludente em relação à totalidade das habilidades da pessoa. E isso tem impactos grandes na percepção de autovalor que é formada desde criança e que costuma reverberar nos níveis de autoestima, autoconfiança e até no sucesso profissional do adulto que ela se tornará, uma vez que muito provavelmente ela não terá condições de reconhecer e honrar seus talentos. Precisamos desconstruir esse padrão a partir da autoavaliação que fazemos das nossas próprias aptidões e inteligências e da avaliação que fazemos sobre as capacidades cognitivas dos outros, a começar pelos nossos filhos.

Outra ferramenta para ajudar a ter clareza sobre aptidões e talentos é o processo de orientação vocacional conduzido por profissionais de psicologia. Nesse processo, que normalmente conta com sessões, entrevistas e testes, é realizada a análise do perfil, personalidade, aptidões, talentos e interesses da pessoa. A finalidade do processo é apoiar a pessoa com informações relevantes sobre autoconhecimento e as diferentes áreas potenciais de atuação, para que tenha condições de fazer uma tomada de decisão de maneira mais assertiva e consciente. Normalmente, os jovens buscam a orientação vocacional antes de decidir por qual curso universitário seguir, mas eu vejo benefícios desse processo para pessoas de qualquer idade, principalmente quando precisam de ajuda para tomar uma decisão sobre transição de carreira, por exemplo.

A Camila, "mulher refém" sobre a qual falamos no Capítulo 2, era representante comercial, mãe solo, sem rede de apoio, gostaria de pausar a carreira para se dedicar à maternidade, mas precisava continuar trabalhando para sustentar a família. Ela detestava seu trabalho, mas não enxergava alternativa, já que dependia dele para pagar as contas. Ela tinha a crença de que, para se sentir segura profissionalmente, precisava trabalhar com um contrato assinado. Tinha pavor de empreendedorismo. Trabalhar para uma empresa lhe trazia uma sensação de mais segurança. Mas o que aconteceu foi que ela estava aprisionada dentro dessa crença, já que não tinha facilidade no relacionamento interpessoal e não se sentia feliz trabalhando assim.

Só podemos transformar e inspirar outras pessoas com a nossa própria transformação.

@maesnalideranca

Nas nossas sessões de mentoria, fiz a conceitualização cognitiva de Camila, que compartilhei no Capítulo 4. Em resumo, ela agia de acordo com a sua crença central de que não tinha valor. E, por não enxergar seu valor, jamais poderia conceber abrir um negócio próprio ou conseguir um trabalho que lhe trouxesse realização, além de sustento. Suas atitudes de acomodação e apatia atuavam como mecanismos compensatórios que acabavam corroborando sua crença de falta de valor. Iniciamos um trabalho para desconstrução das crenças disfuncionais e ancoragem de crenças funcionais para reconhecer o seu valor.

Quando Camila passou a enxergar seu valor, decidiu que gostaria de planejar uma transição de carreira. Trabalhamos com ferramentas de avaliação das suas inteligências múltiplas e exploramos alternativas profissionais à luz da abordagem de orientação vocacional. Quando cruzamos dados da história de vida e infância de Camila, seus valores, aptidões e talentos, ela teve certeza de que gostaria de montar um negócio no ramo de culinária, a princípio produzindo refeições congeladas para ajudar famílias que, assim como ela, dispunham de pouco tempo, mas que valorizavam uma boa comida caseira e saudável. Naquele momento, tudo parecia tão óbvio para Camila que ela nem conseguia acreditar como nunca havia pensado nessa alternativa antes.

Camila aprendeu a cozinhar com sua mãe, ainda criança. Como seu pai dizia que lugar de mulher era em casa e não na rua trabalhando, indiretamente Camila desenvolveu a crença de que cozinhar não tinha valor profissional. No entanto, além de uma atividade prática, cozinhar era também um sinal de amor e afeto em sua família. E esse foi um talento que ela carregou e cultivou por sua vida. Dada a sua rotina intensa trabalhando fora, com duas filhas e nenhuma ajuda, Camila preparava todas as refeições da família no fim de semana e congelava o estoque para facilitar a alimentação na correria do dia a dia. Dominava técnicas de preparo e congelamento de alimentos e vivia dando dicas e ajudando colegas de trabalho nessa mesma função. Na avaliação de suas inteligências múltiplas, obteve melhores resultados nas inteligências corporal-cinestésica e relacionamento interpessoal, demonstrando favorabilidade ao novo negócio.

Como Camila não contava com capital para abertura de sua empresa, precisou montar um plano de negócios, se esforçou para conseguir comissões de vendas extras e levantou a grana de que precisava para começar pequeno, durante os fins de semana. Suas primeiras clientes foram suas colegas de trabalho da empresa. Rapidamente, o boca a boca foi divulgando seu negócio e sua demanda aumentou muito, a ponto de não conseguir dar conta e ter que recusar pedidos. Foi quando decidiu contratar uma cozinheira assistente que pudesse preparar as receitas dela sob sua supervisão. Em seis meses, o negócio deu tão certo que decidiu pedir demissão do emprego, porque já conseguia levantar mais dinheiro trabalhando com as refeições do que no seu trabalho como representante comercial.

Camila viu sua casa virar cozinha industrial, mas se sentia feliz e realizada porque, além de conseguir pagar suas contas a partir do seu trabalho, tinha mais flexibilidade para estar com as filhas e estava fazendo algo que para ela tinha muito valor. Foi uma jornada importante, desafiadora e corajosa que Camila precisou percorrer para sair do cenário da mulher refém e conseguir assumir o protagonismo de sua vida e se reinventar profissionalmente.

Se você quer ter mais clareza sobre seus talentos e puder investir recursos com essa finalidade, conte com um acompanhamento profissional de um psicólogo, *coach* ou mentor de carreira. Os resultados tendem a ser mais profundos e assertivos. No entanto, se você não tiver condições para investir nesses serviços agora, trago para você três reflexões que podem ajudá-la na investigação dos seus talentos:

1. Reflita profundamente sobre sua história de vida, seus valores e interesses.
    a) Que aptidões e talentos você mostrava enquanto criança?
    b) Quais deles você carrega com você até hoje?

Na minha própria experiência de vida, tanto como na minha trajetória profissional enquanto psicóloga, profissional de Recursos Humanos e mentora de carreira, percebi que a vida nos mostra consistentemente, desde crianças, as nossas áreas de destaque. Nós é que temos dificuldade de enxergá-las ou reconhecê-las.

2. Em que áreas hoje você se destaca, mesmo que não obtenha remuneração por isso? Que habilidades você tem e com as quais você ajuda outras pessoas, mesmo sem cobrar nada em troca?

156

Muitas vezes subestimamos o valor da nossa contribuição social. Precisamos estar atentas, porque pode ser que os outros percebam o nosso talento e nós não. Temos de aprender a ler os sinais e a reconhecer e honrar nossos diferenciais.

3. Quando você olha para trás e para os caminhos profissionais que seguiu, tem a segurança de que foram decisões suas que trouxeram você até o caminho que está trilhando?

Sei que muitas mulheres não estiveram em posição de romper com as expectativas alheias tão jovens como eu e acabaram seguindo caminhos profissionais que mais tarde se revelaram distantes de suas áreas de interesse. Se você é uma delas, tenho uma palavra de encorajamento: você ainda pode tomar as rédeas da sua vida e mudar a direção, se achar necessário. Esse pode ser o momento de dizer não às expectativas dos outros para conseguir atender as suas próprias expectativas. Estou falando do processo de transição de carreira, o mesmo que ajudou Camila, aquela que um dia foi a "mulher refém".

Mitos sobre trabalho e sucesso

A esta altura da leitura do livro, já considero você como uma mentorada minha. Portanto, quero encurtar o caminho para o seu desenvolvimento. Reuni aqui a lista dos cinco mitos mais famosos disseminados por aí sobre trabalho e sucesso que fazem um desserviço a muitas mulheres, servindo apenas de distração e tirando-as do percurso de realização pessoal e profissional. Quero explorar com você cada um deles e alertá-la sobre as mensagens perigosas que carregam.

1. Trabalhe com o que ama e nunca mais precisará trabalhar na vida.

Trabalho é trabalho. Envolve compromisso, obrigações, prazos e acordos, fazer o que tem que ser feito e não necessariamente o que se tem vontade. Mesmo que você trabalhe com o que ama, ainda assim deverá entregar um produto ou serviço ao fim do prazo. Já vi muita gente que larga o emprego com carteira assinada para empreender fazendo o que ama na ilusão de que vai ser mais tranquilo, de que vai ter mais flexibilidade. No fim das contas, acaba trabalhando muito mais para montar o seu negócio. Não tem noite nem fim de semana. Já vi inclusive pessoas deixarem de amar o que faziam porque a rotina era desgastante demais. Aquilo que antes lhes dava prazer, quando se tornou obrigação, passou a ser fonte de estresse. Portanto, não se iluda! *Trabalho bem-sucedido é sempre trabalhoso.*

2. Você precisa desenvolver seus pontos fracos para ter sucesso.

Onde você tem investido a sua energia? Pessoas têm mais chance de alcançar sucesso quando focam em suas aptidões, fortalezas e seus talentos, em vez de direcionar energia e esforços tentando melhorar suas fraquezas. Invista esforço naquilo que é habilidade fundamental a se desenvolver para ajudá-la a crescer profissional e pessoalmente. *Consertar suas fraquezas livra você do fracasso, mas investir nas suas fortalezas é o que a leva ao sucesso.*

3. Cada pessoa tem um talento único e precisa descobri-lo para se sentir realizada.

Como falamos antes, eu acredito na teoria das inteligências múltiplas, que as pessoas tenham talentos e aptidões diversas. E essa é a generosidade da nossa espécie. A natureza nos dá diferentes possibilidades para alcançarmos sucesso e realização. Basta identificarmos as oportunidades e desenvolvermos esses talentos. Não se sinta refém presa a um trabalho sem significado. Você tem sempre outros talentos a explorar. Pode ter várias carreiras ao longo da sua vida e está tudo bem. E, mesmo que esteja tudo certo no seu trabalho de hoje, meu conselho é que você pense sempre em um plano alternativo, afinal, não controlamos todas as variáveis. *O plano B liberta você para arriscar e realizar.*

158   4. Se você se esforçar muito, consegue atingir o que quiser.

Esse é um dos mitos mais perigosos do mercado de trabalho. Mesmo que essa verdade seja cruel, eu preciso dizer: esforço despendido não é garantia de resultado bem-sucedido nem diferencial competitivo. Tem muita gente inconformada em seu emprego reclamando que é a primeira a chegar e a última a sair e, ainda assim, não obtém o reconhecimento que esperavam. Se o resultado não for satisfatório, não há esforço nem boa intenção que o sustente. O problema é que muitas vezes existe esforço de mais e talento de menos. Meu conselho: foque profissionalmente nas suas áreas de talento e guarde as áreas nas quais tem interesse, mas não talento, para se deliciar com seus hobbies. *O mais eficaz é se esforçar em alguma área em que tenha aptidões, porque aí as chances de resultados bem-sucedidos são bem mais altas.*

5. Só ter talento basta para alcançar o sucesso.

Talento é importante, mas não é suficiente. *Talento sem esforço é somente um potencial. O sucesso vem do exercer e sustentar o talento na prática.* Não acredito em sucesso baseado em talento sem trabalho consistente. O sucesso exige talento, trabalho, comprometimento, disciplina, persistência e perseverança e todas as outras atitudes de liderança que vimos no capítulo anterior.

Conhecer suas aptidões, talentos e fortalezas ajuda você a tomar decisões de maneira mais assertiva e segura, além de ajudar você a melhorar sua autoconfiança e seu desempenho. Quando você trabalha com algo em que não tem aptidão nem talento, tende a enfrentar mais dificuldades para obter resultados e a se sentir insegura ou até mesmo incompetente.

Lembra-se da Bianca, a "mulher insegura", que se tornou mãe, decidiu pausar a carreira de arquiteta temporariamente, depois queria retornar ao mercado de trabalho e, ainda que tivesse apoio do marido e de outras pessoas, não se sentia segura? Antes mesmo da maternidade, ela já apresentava sinais de insegurança, o que no fundo demonstrava falta de clareza de seu valor profissional. Após se tornar mãe, esse padrão apenas se agravou, porque Bianca passou a ter um motivo para justificar a falta de ação na sua carreira. Em outras palavras, seu filho virou um escudo, uma estratégia compensatória, para que ela não enfrentasse as crenças e os comportamentos disfuncionais a respeito de seus sonhos profissionais.

Na mentoria, trabalhamos para que Bianca ressignificasse seus papéis sociais e redescobrisse seu valor profissional. Investigamos também suas aptidões e talentos, e a arquitetura se confirmou nesse processo. Foi muito desafiador para Bianca entrar em contato com suas feridas, mas, uma vez que ela se deu conta de suas crenças e estratégias compensatórias envolvidas, conseguimos trabalhar em um plano para reconectá-la com seus talentos e desenvolver sua autoconfiança. Hoje ela tem o próprio escritório, conta com um time de arquitetos para dar conta de seus projetos, tem dois filhos e vive mais em paz com a ideia da conciliação de carreira e maternidade.

Honre seus talentos e aceite sempre quando seu trabalho for reconhecido por alguém. Seja você a primeira a reconhecê-lo. **Tenha consciência do impacto do seu trabalho enquanto ferramenta de desenvolvimento pessoal, assim como canal de contribuição social.** Trabalhar com seu talento é um ato de generosidade, afinal, você pode ajudar outras pessoas por meio dele. Colocar seu talento em ação é como abrir um portal para promover revoluções no mundo.

O autoconhecimento possibilita saber quem é você e aonde quer chegar. A liderança ajuda a transformar sua visão em realidade, e colocar o seu talento em ação é a oportunidade de transformar o mundo. E, para chegar mais longe no seu propósito, você precisa de aliados.

Capítulo 9

Alianças

O poder do 1+1

> *"Se quiser ir rápido, vá sozinho. Se quiser ir longe, vá acompanhado."* – Provérbio africano

Para formar mães na liderança, é essencial que elas entendam a força e necessidade das **alianças**. Elas precisam ter clareza de como podem unir forças, de maneira consciente, estratégica e profunda para permanecer e estar na liderança após a maternidade.

Eu sou a prova viva de que uma pessoa que já se julgava precavida e consciente da força das alianças ainda pode ser pega de surpresa quando a maternidade chega. E, de todos os conselhos que lhe dei ao longo deste livro, de todas as estratégias compartilhadas, guarde bem esta aqui: prepare-se e fortaleça-se internamente, principalmente para não perder de vista a importância definitiva de estar bem acompanhada.

Já vi mulheres talentosíssimas se perderem de si, do seu propósito e de toda sua energia vital ao fazerem acordos sem consciência real dos reflexos em sua vida. Por isso, neste capítulo me preocupei em deixar bem explícito e com lentes de aumento quais são as principais alianças que considero no processo de se tornar e se consolidar como uma mãe na liderança.

As oportunidades de alianças estão por todos os lados. Mas, muitas vezes, as deixamos passar sem perceber. Seja nas decisões simples do dia a dia, como numa amizade no corredor do trabalho que não nutrimos, seja com alguém da família que relativizamos como potencial rede de apoio, seja nas decisões mais sérias e complexas de como, quando e com quem escolhemos nos casar.

162   Nossas alianças são capazes de tornar a travessia em mar aberto mais leve e muito mais eficaz, eficiente e produtiva. Elas têm o poder de nos levar ao outro lado de maneira apoiada e segura.

O que é aliança?

De modo bem simples, a aliança é a união, pacto, acordo entre duas ou mais partes em prol de um objetivo comum. As alianças precisam ser ganha-ganha, para que se tornem duráveis e sustentáveis. Elas transcendem simples parcerias, no sentido em que envolvem um compromisso mais duradouro e de maior engajamento entre os seus aliados.

Aqui, eu listei os cinco tipos de alianças que considero imprescindíveis para apoiar mães na liderança. Antes de ser mãe, eu já tinha muita consciência da importância de quatro delas. Sempre as coloquei em prática e sou testemunha de quantas oportunidades chegaram até a mim por causa dessas alianças e quantas também já ajudei a proporcionar. Após a maternidade, descobri mais uma e também pude refinar as outras quatro. Por mais que me achasse superaberta e bem disposta, me dei conta de um tipo de vulnerabilidade mais implícita, que ficou exposta após ser mãe. Trata-se da vulnerabilidade para pedir ajuda e reconhecer fraquezas, que me acertou em cheio e não me deixou outro caminho a não ser me render e aprender.

Vou apresentar cada uma delas logo abaixo, mas antes quero que você entenda alguns conceitos básicos sobre alianças.

Princípios básicos sobre alianças

Para que uma aliança seja bem-sucedida, ela precisa atender a três princípios básicos: zona da influência, intercomplementaridade e sustentabilidade. Vou descrever cada um deles para facilitar o entendimento dos conceitos sobre os tipos de aliança que compartilharei com você na sequência.

1. Zona de influência

Uma das armas mais poderosas no campo da inteligência emocional é saber distinguir aquilo que está sob nosso controle, que é onde devemos focar e atuar, daquilo que não está no nosso controle direto, mas que podemos influenciar, como também daquilo que está totalmente fora do nosso controle e que não podemos nem controlar, nem influenciar, cabendo a nós, nesse caso, apenas aceitar.

No que diz respeito à influência, Stephen Covey difundiu um modelo didático chamado de "círculo de influência",[136] que caracteriza as situações em que você tem controle indireto sobre o resultado esperado, dependendo de terceiros para alcançá-los. Daí, a habilidade de influência se torna essencial.

Voltando ao exemplo sobre o meu puerpério na pandemia de covid-19, dar fim ao vírus e acabar com o isolamento social estavam fora do meu controle e zona de influência, cabendo a mim deixar de resistir e me preocupar com a situação e apenas aceitar.

Ter clareza sobre o que não podemos controlar ou mudar nos poupa esforços e energia. Nessa mesma situação, entretanto, estava no meu controle indireto conseguir mais ajuda em casa, mas eu precisava saber pedir e usar minha influência, aproveitando minhas alianças. Nesse primeiro princípio, é importante entender que as alianças devem ser estabelecidas para nos ajudar em tudo aquilo que está na nossa zona de influência, portanto sob nosso controle indireto.

2. Intercomplementaridade

Por meio do princípio da intercomplementaridade, podemos explicar o poder do 1+1 das alianças. Isso ocorre quando duas ou mais pessoas se unem e se complementam para alcançar um mesmo objetivo. Sendo assim, a combinação estratégica de esforços, recursos, talentos, habilidades e capacidades complementares é o que faz a diferença no resultado. É algo que elas não alcançariam se estivessem trabalhando de maneira isolada e individual.

Cristina Junqueira, quando buscou aliados para criar seu negócio, se uniu a sócios que tinham um mesmo objetivo, mas com experiências e habilidades complementares. Enquanto Cristina focava a inovação para otimização de processos, seu sócio Velez focava as

164 capacidades digitais. A junção de suas habilidades resultou no formato inovador de sucesso que foi a criação do Nubank. Para alianças de sucesso, as partes devem se complementar, gerando um resultado maior e melhor do que conseguiriam sozinhas.

3. Sustentabilidade

As alianças precisam ser ganha-ganha, elas precisam ter reciprocidade. Isso quer dizer que todas as partes ganham algo na relação. De acordo com esse princípio, ninguém é explorado, sai perdendo ou é prejudicado na aliança. Alianças também precisam ser cultivadas todos os dias. Você não tem uma aliança, você está em uma aliança enquanto ela for benéfica e fizer sentido para as partes interessadas. Pode ser que, em um dado momento, alguém seja o mais favorecido da relação, mas, em outro, a outra parte será. É essencial que os diferentes aliados percebam que existe algo de positivo naquela relação para eles, mesmo que seja no médio a longo prazo.

Durante a crise provocada pela pandemia do covid-19, Luiza Helena Trajano e seu time criaram uma plataforma digital de vendas para auxiliar micro e pequenos empresários a manterem os negócios ativos durante o isolamento social. Foi uma aliança bem-sucedida que beneficiou os dois lados. Enquanto os empresários mantiveram os negócios funcionando, a Magazine Luiza teve um resultado de vendas muito positivo, mesmo com o fechamento de suas lojas físicas. Dessa maneira, a manutenção do equilíbrio no atendimento de interesses e geração de benefícios para todas as partes é condição fundamental para a saúde e a sustentabilidade das alianças.

Tipos de alianças fundamentais para as mães na liderança

Após entendermos os princípios básicos para estabelecimento e manutenção de alianças, vou compartilhar com você quais são os cinco tipos fundamentais de alianças para apoiar uma mãe na liderança na realização de seus objetivos pessoais e profissionais:

1. Aliança com sua individualidade.
2. Aliança com seu parceiro(a).
3. Aliança com sua rede de apoio profissional.
4. Aliança com sua rede de apoio pessoal e materno.
5. Aliança com seus filhos.

Agora vou explicar mais a fundo o que significa cada uma e lhe dar ferramentas práticas de como manter esses relacionamentos de modo sustentável, a fim de apoiá-la na conquista de seus sonhos.

1. Aliança com sua individualidade

Você pode estar se perguntando: "Mas, Monique, você não disse que aliança precisa ser a união ou o pacto entre duas pessoas? Como pode existir aliança consigo mesmo?". Sim, eu defendo que a primeira aliança que deve existir é a com a própria individualidade. Ela serve de alicerce para as alianças com os outros. Quando você enxerga que precisa ter a si mesma como aliada, quer dizer que já entende quem é, o que faz de você única, já honra os seus valores e talentos e lidera para conquistar seus sonhos. Você cuida de você mesma e tem a si própria como prioridade básica.

E você pode argumentar: "Mas isso não é ser egoísta?". Respondo veementemente que não. Egoísmo é bem diferente de individualidade. Egoísmo é pensar apenas em si, a despeito das outras pessoas ao seu redor. É precisar receber mais do outro do que dar ao outro. Já a individualidade é a capacidade de enxergar e cultivar a si mesmo como um indivíduo único, em suas ideias, interesses e prioridades. É entender que primeiro você deve colocar a "máscara de oxigênio" em si mesma e depois nos outros que estão ao seu lado, tal como é instruído nas recomendações de segurança para casos de emergência nos voos. Ter individualidade é cuidar de si para ser capaz de cuidar dos demais. É algo que está intrinsecamente ligado a autocuidado — uma ferramenta capaz de nos fazer entender que é preciso autocuidado para ter forças necessárias para realizar os nossos sonhos e os de quem amamos.

A Ana — a "mulher invisível", que se tornou mãe e teve de abrir mão da carreira, gostaria de retomar seu trabalho, mas não contava com nenhum tipo de apoio — é um exemplo de mulher que não tinha

166 aliança com a própria individualidade. Ela era anulada para apoiar a família. A negligência consigo mesma e com seu autocuidado foi tão grande que sua saúde mental foi comprometida. Portanto, aqui fica o ponto de atenção: não é possível dar aos outros o que não temos. Precisamos de autocuidado, de apoio em casa e também de profissionais para nos ajudar a manter a nossa saúde física, mental e emocional em dia. Temos de ter compaixão e amar a nós mesmas primeiro. Como os outros a consideram e tratam é um reflexo de como você mesma se trata.

Ter clareza sobre conceitos básicos que geram crenças errôneas como "individualidade" e "egoísmo" pode ser um divisor de águas poderoso na sua vida. Prezar por sua individualidade não tem nada a ver com ser egoísta. Esse é um exemplo típico do poder que existe em reconstruir crenças que temos e estabelecer novos significados.

E você, tem uma aliança consigo? Como tem cuidado de si mesma?

2. Aliança com parceiro(a)

Lembra-se da frase da Cris Junqueira quando disse que "a decisão de carreira mais importante na vida de uma mulher é com quem ela se casa"? Eu concordo plenamente com ela e ainda iria além. É uma das decisões mais importantes para todos os setores da vida da mulher. Já acompanhei diversas mulheres que não conseguiram conciliar carreira e maternidade, que chegaram à exaustão pela sobrecarga de atividades e responsabilidades com o lar e com a família ou que se viram com "uma mão na frente e a outra atrás" após o término de um relacionamento. Não vou entrar no mérito de por que tais impactos ocorreram, mas quero trazer para a reflexão: qual é a nossa parcela de responsabilidade com o que acontece conosco dentro de uma relação?

Infelizmente, vejo que muitas mulheres seguem tomando decisões sobre relacionamentos ao longo da vida de maneira romantizada, como se fosse sorte, acaso ou destino a escolha de com quem quer construir uma vida junto. Pior que isso, mesmo diante de um casamento frustrado ou sem respeito, muitas mulheres seguem "aturando" a situação, como se não tivessem outra opção.

Por isso que eu sempre reforço que a decisão por estabelecer uma aliança de relacionamento amoroso deve considerar muito mais do que apenas o amor. É preciso avaliar se existe congruência e complementaridade de valores, expectativas, sonhos e ambições. É essencial refletir se você consegue tolerar os defeitos do outro no longo prazo e vice-versa. É importante discutir questões de ordem prática que farão toda a diferença no cotidiano, desde alinhamento sobre divisão de tarefas e responsabilidades em casa, criação e educação dos filhos, gestão de recursos financeiros e patrimoniais até o nível de disponibilidade das partes para parceria irrestrita e cumplicidade constante, independentemente dos desafios encontrados na jornada. Muitas mulheres nunca pensaram em nenhuma das perspectivas práticas de um relacionamento. Seguem guiadas pela crença de que "casamento é para vida toda", mesmo percebendo que a aliança não soma, só subtrai.

O que vou falar agora pode parecer pessimista, mas é uma filosofia "pé no chão" que desenvolvi com base em tudo que já vi de perto trabalhando com mulheres. **Cultive seu relacionamento como se fosse durar para a eternidade, mas esteja preparada profissional e financeiramente caso ele termine hoje.** Para o fim de uma aliança, basta uma das partes querer e isso não depende só de você. Existe o outro lado da aliança, que você influencia, mas não controla. Portanto, tenha a sua solução de vida alternativa e independente do seu relacionamento. Como já lhe disse antes, o plano B a liberta!

Infelizmente, muitos casais colocam uma aliança de ouro no dedo, mas não honram o compromisso de exercer a aliança na prática do dia a dia. Ao longo da minha trajetória profissional acompanhando mulheres, vejo que existem basicamente dois tipos de parceria entre casais: âncora e trampolim.

Parceria âncora:

- "Puxa você para baixo" e não a ajuda a evoluir.
- Não age com corresponsabilidade na manutenção de casa.
- Não age com corresponsabilidade nos cuidados dos filhos.
- Posiciona o próprio bem-estar, sonhos pessoais e profissionais como mais importantes que os de sua companheira.
- Entende que a companheira é quem, na maioria das vezes, precisa fazer sacrifícios em prol da família.

168   Parceria trampolim:

- Impulsiona você a viver seus sonhos.
- Age com corresponsabilidade na manutenção de casa.
- Age com corresponsabilidade nos cuidados dos filhos.
- Posiciona o bem-estar, sonhos pessoais e profissionais no mesmo nível de igualdade e relevância em relação aos da sua companheira.
- Entende que tanto a própria pessoa quanto a companheira precisam ceder e fazer alguns sacrifícios em prol da família.

Mães na liderança precisam ter ao seu lado alguém que lhe ofereça a parceria trampolim. Ou, se não quiserem se relacionar, "antes sós que mal acompanhadas". Chegar onde cheguei hoje e poder viver meus sonhos tem muita contribuição do meu marido Felipe. Ele sempre me impulsionou, colocou meus sonhos profissionais nos mesmos patamares que os dele, me acompanhou na experiência de me mudar para os Estados Unidos, mesmo sabendo que tinha o risco de impactar seu trabalho, e exerce seu papel de pai ativamente. Enquanto eu escrevia o livro, ele saiu inúmeras vezes para passear com a Mallu. Ele viabiliza os meus sonhos, não somente eu os dele.

Saiba que você tem responsabilidade na relação. O que você pode fazer para viver de fato uma aliança com seu cônjuge ou parceiro(a)? O que você está doando nessa relação? E o que você está recebendo em troca? A balança está equilibrada? Se esse relacionamento acabasse hoje, em que condições profissionais e financeiras você continuaria seguindo sua vida? Mesmo que as dificuldades do dia a dia indiquem o contrário, precisamos estabelecer e cultivar alianças com quem partilha de nossa vida e não contra essas pessoas.

Relacionamento de sucesso não é questão apenas de sorte. É uma escolha, uma decisão. Requer muita clareza, maturidade e amor-próprio para saber escolher quem estará ao nosso lado nos anos mais importantes da nossa vida e contribuindo para a construção e realização de nossos sonhos.

Quais conversas difíceis você está adiando faz tempo no seu relacionamento?

3. Aliança com sua rede de apoio profissional

Rede de apoio profissional ainda é um conceito pouco difundido na nossa sociedade, mas é extremamente importante para ajudar as mulheres a driblarem as pedras e degraus quebrados no caminho de ascensão da carreira. Trata-se de construir relações de confiança que ajudarão você a alcançar seus objetivos profissionais. Seus aliados podem incluir parceiros de negócio, que são as pessoas que vão ajudá-la a viabilizar seu empreendimento. Também pode incluir sua liderança, colegas de trabalho e seu próprio time, que são fundamentais para colaborar com você e entregar os objetivos da empresa para a qual trabalham, assim como podem auxiliá-la no seu desenvolvimento profissional.

No que diz respeito às estratégias para aceleração de carreira dentro de organizações, existem cinco tipos de alianças profissionais que podem colaborar ativamente no seu desenvolvimento profissional e na sua progressão de carreira.

1. Liderança

Essa deve ser sua primeira aliada dentro da organização. Seus objetivos devem estar alinhados e ambas as partes ter clareza de como podem se apoiar para alcançar as metas estabelecidas. Conquistar a confiança de sua liderança ajuda a criar uma aliança que perdura mesmo depois que a estrutura muda e vocês não trabalham mais juntos.

2. Pares

Seus pares, ou colegas de trabalho, são aliados importantes para apoiar seu crescimento de carreira. Eles estão debaixo da mesma liderança que você e também são formadores de opinião. Você precisa se relacionar com seus pares gerando empatia e focando a estratégia do "ganha-ganha", sempre tendo em mente que amanhã você pode ser promovida e eles se tornarão seu time, portanto seu apoio é fundamental.

Alianças transcendem simples parcerias, no sentido em que envolvem um compromisso mais duradouro e de maior engajamento entre os seus aliados.

@maesnalideranca

3. Patrocinadores (ou *sponsors*)

Patrocinadores são pessoas mais seniores, ocupam cargos de liderança mais altos do que você na organização e conhecem, defendem e patrocinam o seu trabalho nos círculos e fóruns profissionais de que participam. Seus ex-líderes e gestores têm o potencial de se tornar seus patrocinadores se as alianças forem bem trabalhadas e sustentadas. São os patrocinadores que falam do seu nome em uma sala cheia de oportunidades.

4. Mentores de carreira

Mentores de carreira são pessoas mais experientes e seniores que você e que podem ajudá-la com aconselhamento e estratégias que a auxiliem a alcançar seus objetivos profissionais. Seus mentores podem ser homens ou mulheres, mas tenha pelo menos uma mãe na liderança como sua mentora de carreira. Mentores já passaram por vivências semelhantes no passado e podem colaborar compartilhando conhecimentos, habilidades e experiências, mostrando o "caminho das pedras" para chegar lá.

5. *Coaches* de carreira

Coaching é uma ferramenta de desenvolvimento. O *coach* de carreira pode auxiliar você a refletir sobre dificuldades encontradas, ajudando-a a pensar em soluções e organizar um plano de ação para alcançar seus objetivos. O *coach* não lhe diz o que fazer nem como fazer, mas a instiga e a faz refletir, por meio de perguntas, até que você chegue a uma tomada de decisão e tenha clareza de como agir.

Como estabelecer e manter alianças profissionais – Networking

Nos treinamentos corporativos ou nos programas de mentoria para mulheres que faço, percebo que a maioria delas teme fazer networking e foge dele na primeira oportunidade. Networking corresponde à criação e à manutenção de uma rede de contatos profissionais que têm o potencial de gerar benefícios mútuos, tais como oportunidade de crescimento profissional, troca de conhecimentos e ampliação de visão de mundo.

A título de exemplo sobre o poder dessa ferramenta, na minha experiência em Recursos Humanos, percebo que muitas oportunidades de emprego, principalmente as mais estratégicas, são preenchidas com candidatos indicados por meio de networking, de conexões estabelecidas com os tomadores de decisão em interações profissionais anteriores. Portanto, está na hora de fazer as pazes com essa ferramenta. Entenda a seguir os erros mais comuns no networking:

1. Conectar-se apenas com pessoas que você já conhece

Apesar de ser mais confortável, essa estratégia é pouco efetiva. Você pode pedir aos seus contatos que a apresentem a outras pessoas nas suas áreas de interesse. Com isso, você pode expandir e fortalecer sua rede. Você conhece a teoria dos "seis graus de separação", estudada e testada pelo psicólogo americano Stanley Milgram[137] na década de 1960? Ela demonstrou, por meio de um experimento, que todas as pessoas no mundo estão separadas por apenas seis "apertos de mão". Hoje sabemos, por meio das redes sociais como o LinkedIn, cujo foco são as conexões profissionais, que os graus de separação podem ser reduzidos. Quando aplicada de maneira intencional, essa teoria pode aproximar você dos aliados que precisa para conquistar seus sonhos.

2. Não se preparar para fazer networking

Você precisa se planejar antes de fazer a abordagem. Qual é o propósito do seu contato? Quais são os pontos de interesse da outra pessoa? Quais interesses em comum que você pode explorar durante a conversa? Como pode ajudar essa pessoa? E como ela pode ajudar você?

3. Fazer networking somente quando está precisando

Lembra o princípio da sustentabilidade das alianças? Networking precisa ser criado, mantido e sustentado organicamente por meio de engajamentos regulares. Fazer contato com as pessoas apenas quando precisa de ajuda pode transmitir uma imagem de "oportunista". Você deve demonstrar interesse genuíno em manter aquela relação ativa regularmente, independentemente de obter um retorno imediato.

4. Focar em receber e não em oferecer ajuda

A relação de networking deve ser percebida como "ganha-ganha" para ser sustentável. Se uma das partes se sente usada ou explorada, é provável que ela se afaste. Ofereça ajuda primeiro. A regra do jogo para obter sucesso no networking é dar para receber e não o inverso.

5. Fugir de eventos ou oportunidades descontraídas para networking

Muitas mulheres evitam os eventos informais para criar ou fortalecer networking, mas não se dão conta de que são grandes oportunidades de expandir a rede de relacionamentos e fortalecer alianças. O ser humano é um ser emocional e isso é o nosso diferencial. Naturalmente, nós estabelecemos relações mais fortes por meio da conexão emocional. Enquanto a maioria das mulheres foge dos happy hours após o expediente para dar conta dos compromissos pessoais e maternais, os homens estão ganhando aliados para defender sua promoção durante o "choppinho" ou o jogo de futebol da empresa. Embora não esteja descrito no seu contrato de trabalho, é lá que você pode mudar o jogo das suas oportunidades profissionais por meio de um acesso facilitado a pessoas influentes ou tomadores de decisão que você não aceitaria tão facilmente no dia a dia. Portanto, seja estratégica e use a sua rede de apoio para lhe permitir participar de eventos informais importantes para a criação e o fortalecimento de suas alianças profissionais.

O desenvolvimento de alianças profissionais precisa ser um hábito. É uma habilidade a ser desenvolvida. Quanto mais você pratica, mais confortável e confiante você se sente e melhor tende a ser o seu resultado. Você não precisa ter de lutar por todas as oportunidades sozinha. Seus aliados profissionais, quando conquistam confiança no seu trabalho e na sua entrega, podem abrir portas e facilitar o caminho para você.

4. Aliança com rede de apoio pessoal e materno

As alianças construídas para formar uma rede de apoio têm o intuito de criar ajuda e estrutura de diferentes formas. Antes da maternidade, rede de apoio para mim tinha a ver com delegar o trabalho que

174 eu poderia fazer, mas que se eu não fizesse, abriria tempo e espaço para eu me concentrar nos meus talentos. Delegava o que eu poderia exercer como habilidades (fazer compras, cozinhar, limpar casa...) e assumia na linha de frente aquilo que era prioridade para mim, como meu trabalho, tempo de qualidade com meu marido, planejamento do cardápio alimentar da casa, atenção para a família e planejamento de programas sociais.

Quando me tornei mãe, "rede de apoio" teve novo sentido, profundidade e essencialidade. A rede de apoio materno tem como objetivo compor a "aldeia" que vai ajudar as mães a criarem os filhos, dando a elas o suporte físico e emocional de que precisam. Esse tipo de aliança inclui a rede de apoio voluntária, que normalmente é formada por familiares, amigos próximos ou outras mães que já enfrentaram ou ainda estão enfrentando os mesmos desafios da maternidade ou a rede de apoio remunerada, que é quando você paga pelos serviços prestados por outras pessoas, tais como babá, creche, escola, pediatra, consultoras de amamentação, empregada doméstica, faxineira etc. Os dois tipos são igualmente válidos e fundamentais para apoiar as mães na liderança. Eu utilizo ainda um terceiro tipo de rede de apoio – os "ajudantes" eletrônicos ou digitais, como máquina de lavar louça, robô aspirador de piso, robô de passar pano de chão e aplicativos de compras on-line e entrega em domicílio. Uso e recomendo toda ferramenta que possa liberar o tempo da mãe, possibilitando a ela focar em suas prioridades.

Aqui cabe um esclarecimento importante sobre uma dúvida recorrente entre as mulheres: pai não é rede de apoio. Ele deve ser corresponsável pelos cuidados dos filhos e da casa. O pai, quando exerce sua responsabilidade, também precisa ser apoiado por uma "aldeia". Do ponto de vista da mãe, existem alguns comportamentos que são muito importantes na hora de montar e gerenciar a sua rede de apoio. Resumi os direcionamentos em dez mandamentos para alavancar sua rede de apoio materno:

1. Entendo que a maternidade é um entre os diferentes papéis que desempenho.
2. Reconheço que é impossível dar conta de tudo sozinha.

3. Concebo que outras pessoas podem me ajudar a atender as necessidades do meu filho.
4. Realizo, eu mesma, aqueles cuidados do meu filho que são prioridade para mim.
5. Delego cuidados e tarefas domésticas que não são prioritários para mim.
6. Peço e aceito ajuda da minha rede de apoio para o que está na minha zona de influência.
7. Estabeleço, com a rede de apoio, regras claras para guiar os cuidados do meu filho, com segurança e detalhe sobre o que não é negociável e o que pode ser flexibilizado.
8. Confio na minha rede de apoio, mas a monitoro de perto.
9. Aceito que a minha maneira de cuidado é apenas uma das possibilidades e não a única.
10. Sou grata e reconheço diariamente toda a ajuda recebida da minha rede de apoio.

Não existe receita de bolo, um modelo simples nem uma configuração única de rede de apoio materna. Cada mãe precisa buscar entender o que faz sentido em seu contexto e testar o que funciona melhor no seu caso. O importante é passar a contar com essa aliança o mais cedo possível na maternidade. É uma ferramenta de prevenção contra a exaustão materna. Ela possibilita que a mãe desempenhe diferentes papéis sociais, sem que precise sacrificar nenhum deles. Rede de apoio materno não é luxo, é um item de necessidade básica. É o "colete salva-vidas" que sustenta a mãe enquanto ela realiza sua travessia em mar aberto.

Vale também dizer que rede de apoio é uma decisão ativa, assim como os outros tipos de alianças. Não devemos estar na passividade à espera de alguém que se disponibilize a nos ajudar. Precisamos expor vulnerabilidades, exercer flexibilidade diante de pessoas que querem nos apoiar, mas que não farão exatamente como gostaríamos. Ter humildade para entender que mesmo que façamos melhor, não quer dizer que seja bom fazer tudo sozinha e não delegar. Rede de apoio, acima de tudo, é contribuição, reciprocidade e troca. Você não pode cobrar rede de apoio se você mesma nunca foi rede de apoio de ninguém. Se não há troca, não existe uma aliança sustentável.

5. Aliança com seus filhos

Esse é o tipo de aliança sobre a qual, infelizmente, pouco se fala, mas que é essencial para dar a base segura na conciliação de carreira e maternidade. Durante séculos, a criação de filhos vem ganhando o peso de "tirar oportunidades das mães" na ascensão profissional. Como falamos no Capítulo 1, em torno da metade das mulheres interrompem as carreiras em até dois anos após a maternidade. O que pouco se fala é sobre a ausência de alianças necessárias para se manter uma mãe na liderança. É infinitamente mais fácil "culpar" a atenção que as mães dedicam aos filhos, assim fica fácil convencê-las a delegar cada vez mais o cuidado com as crianças quando decidem que precisam focar os seus planos profissionais. No entanto, o que muitas mães não sabem é que a delegação excessiva pode comprometer não só sua aliança com os filhos (seus vínculos), mas toda a estrutura psicoemocional que envolve saúde física, mental e emocional da criança.

O "pulo do gato" está em perceber que não são os filhos e o relacionamento com eles que limitam a mulher profissionalmente, mas a falta de estrutura, escassez de políticas públicas e privadas que apoiem a maternidade, falta de rede de apoio e de alianças, especialmente a que chamo aqui de "criação com apego", um "estilo de parentalidade" que me fez enxergar de frente meu papel definitivo na vida da minha filha. O meu poder em definir o destino dela de tantas maneiras.

Essa ferramenta vai lhe mostrar como a formação e a manutenção de uma aliança forte com seu filho pode libertá-la da culpa.

Teoria da criação com apego

A teoria do apego foi criada pelo psiquiatra infantil e psicanalista inglês John Bowlby, a partir de suas observações sobre o cuidado inadequado na primeira infância e as evidências de efeitos adversos ao desenvolvimento das crianças quando elas eram separadas de seus cuidadores, principalmente da figura materna. Nesse contexto, Bowlby considerou o apego como um mecanismo básico dos seres humanos.[138] Um comportamento biologicamente programado que requer uma figura de apego disponível e que ofereça respostas, proporcionando um sentimento de segurança que fortalece o vínculo da criança com a mãe.

De acordo com Bowlby, o relacionamento da criança com os pais é instaurado por um conjunto de sinais inatos do bebê, que demandam proximidade e corresponde a uma necessidade de proteção e segurança. Assim, o vínculo afetivo se desenvolve com o tempo, por meio da consistência nos cuidados e da responsividade às necessidades apresentadas na relação, principalmente nos três primeiros anos de vida da criança, impactando diretamente nas capacidades cognitivas e emocionais dela para o resto da vida.[139]

Eu já conhecia e havia estudado Bowlby na faculdade, mas foi no puerpério, enquanto tentava realizar minha travessia em mar aberto, que me conectei com a teoria do apego, por meio da leitura do livro *O poder do apego*, de Julieta Franco.[140] Foi tentando não me afogar no mar do puerpério que tomei decisões com base no meu "instinto", mesmo que ainda de maneira insegura e contrária às opiniões e aos pitacos alheios. O que me parecia ser a única opção para manter minha integridade e sanidade mental e emocional, como dar colo sempre que minha filha "pedia", amamentar em livre demanda e fazer cama compartilhada com a bebê, foi validado nesse livro. Criar com apego, para mim, não foi uma escolha, mas a minha única opção.

E, muito diferente do que era minha ideia inicial quanto à perspectiva da criação com apego, saber mais sobre o tema me potencializou para não abandonar minha carreira e não me abandonar como ser individual depois da maternidade, não abandonar minha filha, além de me liberar de muitas culpas, já que descobri que poderia criar um vínculo forte com minha bebê e ser uma excelente mãe mesmo trabalhando fora. Bastava ter clareza das ferramentas da criação com apego.

É importante ressaltar que embora existam ferramentas da criação com apego, tais como parto normal, amamentação, colo e contato físico, cama compartilhada, responsividade e saúde mental dos pais, essas ferramentas não funcionam de modo automático. Existe um conhecimento maior em torno dessa ciência, que foi justamente o que me encantou.

Diz respeito a uma consciência mais ampla sobre o cuidar de si para cuidar do outro, tem a ver com a análise profunda do que

178 aconteceu na nossa própria infância e que nos impede de sermos mais próximos de nossos filhos, de colocar o trabalho antes deles, em vez de colocar lado a lado. Tem tudo a ver com o método ALTA, que traz como primeira ferramenta para alcançar voos mais altos o "autoconhecimento".

Ferramentas da criação com apego

A criação com apego pode acontecer na relação mãe-bebê de maneira natural, como foi no meu caso, mas também pode ser intencional quando entendemos as ferramentas que podemos utilizar para formar e manter vínculos fortes com nossos filhos. Em seu livro *O poder do apego*, Julieta compartilha as principais ferramentas do apego, com base na psicologia e neurociência. Cabe dizer que elas não são as únicas opções disponíveis para formar vínculos e nem que o bebê vai ter prejuízos caso alguma delas falte. No entanto, é importante entender que elas auxiliam a moldar a saude fisica, mental e emocional do ser humano nos seus primeiros anos de vida.

A seguir vou compartilhar as quatro ferramentas de apego que usei e uso e como elas me ajudam no fortalecimento de vínculo com minha filha.

1. Parto normal

Estudos descritos no livro sugerem que cuidados maternos de qualidade estão relacionados à ativação de um "estado maternal" que é desencadeado com o trabalho de parto por meio de hormônios que favorecem uma maior conexão entre mãe e bebê no pós-parto.

No meu caso, estudei bastante durante a gravidez e estava decidida a ter meu parto normal, dados os benefícios que isso proporcionaria para mim e minha filha. Com quarenta semanas de gestação, minha bolsa estourou. Desde aquele momento até o nascimento da Mallu, foram 32 horas de emoção e muito cansaço, mas que valeram a pena. As dores foram embora como em um passe de mágica e curtimos a nossa "hora dourada" bem grudadinhas e transbordando de oxitocina. Senti uma explosão de felicidade, amor, gratidão e orgulho por termos conseguido! Era uma energia tão vital e avassaladora que me transformou de dentro para fora.

Algo inexplicável, forte e muito poderoso, que levou a minha auto-confiança nas alturas! Afinal, se eu havia passado por tudo aquilo e tinha dado conta de trazer minha filha ao mundo, sem intervenção cirúrgica nem anestesia, eu me sentia capaz de enfrentar qualquer obstáculo que viesse pela frente.

2. Colo e contato físico

Por meio de processos bioquímicos, colo e contato físico ajudam a criança a regular o aparelho psíquico e a cessar desconfortos diversos causados por hormônios estressores. Portanto, dê ambos, de modo irrestrito e em todas as idades. O colo também ajuda a mãe a se manter profundamente ligada com seu filho, colaborando para manter ativo seu "estado maternal", que é um estado mais instintivo, conectado e empático. Uma ferramenta prática e funcional que me ajudou bastante no puerpério foi usar *sling*, aquele pano que envolve e segura o bebê no seu colo, deixando as mãos livres para fazer o que precisa.

·Além disso, não economize nas oportunidades de estar junto e manter contato físico com seu filho, seja abraçando, colocando-o sentado no seu colo, fazendo cafuné ou uma massagem no corpinho. Depois que termino de trabalhar, faço questão de proporcionar para mim e minha filha o que chamamos carinhosamente de nossa "hora do grudinho", em que colo, contato físico, carinho e palavras de amor são irrestritos. Nesse momento, a atenção plena e o olho no olho são essenciais para garantir uma presença responsiva. É fundamental evitar distrações, como celular. Não precisa ocorrer em apenas um momento do dia, mas, até pelo menos os 3 anos da criança, quanto mais, melhor. Para a mãe que trabalha fora, é importante planejar os momentos do dia nos quais vai conseguir dedicar essa atenção. E lembre: a bagunça da casa pode sempre esperar. Já os primeiros anos dos nossos filhos, esses não nos esperam. Use e abuse da sua rede de apoio a fim de liberar o seu tempo para o que realmente importa.

3. Amamentação

Além das funções nutritivas e fisiológicas da amamentação, ela também ajuda na criação de vínculos emocionais mãe-bebê, por meio

180 da mamada nutritiva ou da sucção não nutritiva, sendo esta última erroneamente conhecida como o ato de o bebê "chupetar o peito". Tem a função de estabilizador neural. Ajuda a acalmar a criança em caso de choro e a acolher em caso de medo, dor ou desconforto, atuando como apoio fundamental para o apego.

Julieta costuma dizer que a amamentação é o cordão umbilical extrauterino e a minha experiência apenas corrobora essa afirmação. No caso de mães que trabalham fora, manter a amamentação após o retorno da licença-maternidade é uma tarefa difícil, mas não é impossível. E vale muito a pena. Acredito que essa seja a ferramenta mais importante para o meu forte vínculo com a Mallu. Aqui já se foram três anos e seguimos firmes na amamentação, sem nunca ter precisado complementar com fórmula, mesmo trabalhando fora de casa e precisando fazer viagens curtas a trabalho esporadicamente. Os três pilares que fizeram toda a diferença para mim foram: 1) informação sobre importância da amamentação, sobre como produzir, extrair, armazenar e oferecer leite materno; 2) muita ajuda do meu marido e da rede de apoio, física e emocionalmente, porque a jornada é exaustiva; e 3) disciplina e organização para a rotina de extração e armazenamento de leite em casa e no ambiente de trabalho.

4. Cama compartilhada

Ter a necessidade de dormir junto dos pais é um comportamento esperado de filhotes. Evolutivamente, dormir significa estar mais vulnerável a potenciais predadores, portanto, o bebê precisa se sentir protegido. É natural que evolua com o tempo até conseguir a segurança para dormir sozinho. Eu não tinha essa informação quando pari. Abominava a ideia de ter minha filha dormindo na mesma cama que eu e meu marido e tinha preparado um quarto com um bercinho lindo, em que Mallu nunca dormiu uma noite inteira.

Como já contei anteriormente, eu não escolhi fazer cama compartilhada, eu me rendi a ela. Começou na minha cama de casal, mas confesso que não me sentia muito segura e, com o tempo, passou a ficar desconfortável para nós três. Quando nos mudamos para os Estados Unidos, aproveitamos que teríamos de reformular o quarto da Mallu e então decidimos colocar uma cama de casal, estilo montessoriana, e essa foi a opção que melhor funcionou para todos nós.

Colocávamos a Mallu para dormir na cama dela e depois íamos dormir na nossa cama. Ela aprendeu a gostar da caminha e do espaço dela e nós resgatamos a nossa cama novamente. Claro que inúmeras vezes precisei ir até ela para acolhê-la durante a noite, mas ela criou a referência de que aquele era o espaço dela.

Quando converso com mães que trabalham em organizações, sinto que meu modelo de criação com apego está na contramão das práticas mais comuns, que não aderem necessariamente às ferramentas sobre as quais falamos antes. Respeito que cada um faça o que quiser e o que sentir ser a coisa certa a ser feita. Meu intuito é apenas informar que existe outra opção de maternar, mesmo que pouco difundida e apoiada nos espaços organizacionais, que beneficia a infância de nossos filhos, o nosso relacionamento com eles e que nos conecta de maneira tão profunda com nossos propósitos, que pode trazer avanços — inclusive profissionais — que não somos capazes de supor.

Meu intuito ao apresentar esse tema é quebrar paradigmas em relação ao modo "padrão" de criar filhos, que foi difundido por anos e nos fez acreditar que deveríamos tornar nossos pequenos "independentes" o quanto antes. Com essa crença, vivemos anos de parentalidade em que os pais "forçavam a barra" para que bebês e crianças dessem mais do que conseguiam do seu desenvolvimento. Qualquer choro ou pedido de colo era visto como reflexo de má educação dos pais, que transformavam, esses bebês em crianças "mal acostumadas" ou "mimadas". Trazer novas perspectivas de cuidado e infância nos ajuda a sermos melhores pais, mais eficientes e eficazes. Além de tudo, nos torna mais conscientes e bem-informados sobre um tema que não é só um conhecimento extra, mas capaz de revolucionar o crescimento e desenvolvimento dos nossos filhos por meio da psicologia e da neurociência.

Agora que você sabe um pouco mais sobre a criação com apego, conhece seus benefícios e suas ferramentas, fique à vontade para adotar aquilo que fizer sentido e couber na sua vida. Um aviso, entretanto, é fundamental. Para criar com apego e trabalhar fora, é essencial contar com muita ajuda de todos os seus tipos de alianças, a começar cuidando da sua própria saúde física e mental. Você, definitivamente, vai precisar desses recursos para se manter sã e salva

182 durante a sua travessia em mar aberto. Não relativize e não ache que dará conta sozinha. A chance de naufragar é certa. Nós precisamos de você bem. Juntas, temos uma linda missão a cumprir.

Como descobri o poder das alianças com filhos

Do meu salto em queda livre para a travessia em mar aberto

Por ter o *locus* de controle interno, achava que eu deveria ser a única responsável por tudo o que acontecia na minha vida. Até eu me tornar mãe, tinha muita dificuldade de mostrar vulnerabilidades. Tinha receio de que elas pudessem impactar no meu potencial de realização se fossem expostas. Então, independentemente do desafio que eu enfrentasse, eu só seguia, mantendo "tudo sob controle". E vou confessar a você que o peso daquela armadura era grande. Até que me tornei mãe e aprendi, da maneira difícil, que ter controle de tudo era apenas uma ilusão. Definitivamente, essa não é uma opção para as mães.

Durante minha gravidez, foram listas e mais listas de coisas a fazer: exames, enxoval, chá de fraldas, cursos de cuidados com o bebê, o que fazer na preparação do parto e pós-parto. Contratei uma babá e outra pessoa para cuidar das refeições e das atribuições da casa para que eu pudesse me dedicar exclusivamente à bebê. Planejei visitas e apoio dos familiares e amigos no período inicial do puerpério e garanti as lembrancinhas de recém-nascido para todos. Organizei consultas e sessões de terapias para também ajudar a aliviar a pressão nesse momento. No final da gravidez, pensei: "Tudo sob controle! Agora é relaxar e esperar a vinda da pequena". Mas não foi bem assim.

O parto foi só o início da sequência de quebra de expectativas. Foram 32 horas de muita contração, dor, cansaço e emoção desde que a minha bolsa estourou até o nascimento da Mallu. Mas como assim? Eu havia montado uma playlist musical de quatro horas apenas para a sala de parto! (Risos.) Ainda assim, eu transbordava felicidade por finalmente poder conhecer o maior amor da minha vida. Se, após o meu parto, me senti nas alturas por estar com minha filha nos braços, o meu puerpério foi um salto em queda livre.

A maternidade chegou para mim com um aprendizado que mudaria a minha vida. Só que, na minha vez, o aprendizado foi coletivo. Não se tratava de mim, era uma reviravolta para o mundo todo. Falava-se assombrosamente sobre o coronavírus responsável pela covid-19, sobre a qual não se tinha muito conhecimento e, o pior, não se sabia como prevenir ou tratar. E, no dia mais importante da minha vida, o do nascimento da minha filha, em 13 de março de 2020, dentro da maternidade, fiquei sabendo do anúncio do início de uma quarentena que, inicialmente, duraria quinze dias, mas que logo depois vimos que não teria data para acabar. Essa situação impôs isolamento social e atropelou todos os planos que eu fizera até então.

Meu mundo caiu. A recomendação médica era que não tivéssemos contato com absolutamente ninguém, nem família, nem profissionais, pois não se sabia como o vírus poderia impactar os recém-nascidos. Parecia que eu estava vivendo um pesadelo. Meus pensamentos eram: "E agora? Como vou fazer? Quem vai me ajudar? Como vou dar conta? Será que consigo? Eu acabei de nascer, como mãe, e tenho um serzinho que depende exclusivamente de mim!". Me vi desamparada, literalmente, sem direito a comemoração, sem nenhum apoio, em meio a um puerpério de uma mãe de primeira viagem. Eu já sabia que a travessia em mar aberto não seria fácil. Mas precisava disso tudo? Logo na minha vez?

Foram dias de muita angústia, solidão, desespero, sentimento de injustiça e impotência. Já havia feito cursos de preparação, mas, nos primeiros dias, batia a insegurança se eu acertaria como mãe. Já havia escutado que amamentar não era simples. E não foi mesmo. As minhas primeiras lágrimas na maternidade foram por causa disso. Eu não conseguia fazer a Mallu pegar direito o peito na primeira semana. E, grudadas, ela chorava de fome e eu de frustração e impotência.

Eu tinha a convicção de que faria de tudo para amamentar exclusivamente até os seis meses e não suplementar. Mas, toda vez que eu pensava nisso, me dava desespero. Eu achava que não ia suportar. Eu sentia dor. Meu bico do seio rachava, perdia a cor, parecia que ia cair. E, ainda assim, a Mallu não queria ficar um minuto sequer com a boca afastada do peito. Eu, que achava que tinha uma resistência boa para dor, conheci outros níveis de limites.

184

Todos os dias, eu conversava por telefone com minha irmã mais velha e algumas amigas sobre amamentação. Eu queria um prazo para a dor ir embora. Algumas me diziam quinze dias, outras trinta dias. E eu rezava todos os dias para aguentar chegar ao fim do primeiro mês. E foi bem assim. Após o primeiro mês, a dor não estava mais tão forte e já me sentia mais segura para amamentar. Eu e Mallu aprendemos e pegamos o jeito. Ainda era muito cansativo, pois eu amamentava em livre demanda. E minha bebê queria ficar grudada comigo 24 horas por dia. Era a tal da "exterogestação", sobre a qual eu havia estudado. Funciona como uma gestação que continua quando o bebê está fora do corpo da mãe. Superimportante para o desenvolvimento do bebê. Parecia tão mais lindo e natural nos livros! Na realidade, estava eu, uma múmia, aos cacos, lutando para me manter sã.

O sono foi outro grande desafio. Eu achava que seria capaz de colocar a Mallu para dormir no berço até o fim do primeiro mês. Seguia todos os passos das técnicas que aprendi. Dava banho, amamentava já no quarto escurinho e, em silêncio, colocava para dormir. Depois que achava que a Mallu tinha engrenado no sono, tentava colocá-la no bercinho. E era contar até três que ela começava a chorar. Só acalmava quando estava no meu colo. Mesmo o colo do pai não adiantava.

Eu fiquei tentando implementar essa rotina por mais de trinta dias. Não conseguia dormir de madrugada, porque esperava a Mallu dormir, tentava pôr no berço. Ela acordava, eu pegava no colo, acolhia, amamentava mais uma vez, até ela dormir novamente e eu tentar pôr no berço outra vez. Nas duas primeiras semanas, tive o apoio do meu marido, que ficava acordado dando forças e fazendo companhia. Mas, depois desse tempo, aquela situação foi virando rotina, ele teve que voltar a trabalhar e então começou a dormir. E foi aí que me vi solitária, lidando com essas dificuldades, chorando a madrugada inteira calada e rezando para amanhecer logo.

Durante o dia, eu tentava dar colo para a Mallu o tempo inteiro, amamentar, trocar fralda, fazer o mínimo para garantir a alimentação da família e os cuidados básicos da casa e da minha higiene pessoal. Era impossível dar conta de tudo. Quando ia chegando a noite, me batia o desespero de ter de enfrentar outra madrugada inteira daquele jeito. Sentia-me encarcerada ao quadrado: pelo isolamento social imposto pela pandemia de covid-19 e pelas dificuldades do puerpério. Até que percebi que estava no meu limite físico e emocional quando quase deixei a Mallu cair no chão porque dei uma rápida cochilada, então eu resolvi seguir meu "instinto" maternal e me rendi à cama compartilhada.

Sobrevivi às tristezas, dúvidas e lágrimas dos primeiros meses devastadores da pandemia de covid-19. Com as dificuldades da amamentação, sono e solidão do puerpério e do isolamento social, eu caí em mim. Em uma prática virtual de ioga, recebi de presente uma mensagem que me tocou profundamente. A professora, a querida e talentosa Renata Mozzini, disse que Ganesha, deus do intelecto, da sabedoria e da fortuna, segundo a tradição religiosa do hinduísmo e védica, pedia para não resistir. Para entregar e aceitar o que viesse, de maneira fluida e consciente. E como isso fez sentido. Caiu uma ficha enorme para mim!

Percebi que não poderia mudar a situação da pandemia mesmo. Não adiantava resistir, lamentar e sofrer com isso. Resgatei a essência daquela Monique que, desde pequena, encarava de frente os problemas, dando o melhor para aproveitar as oportunidades que a vida tinha a oferecer. Era isso! A resposta estava ali. Onde estava aquela mulher líder?

Pouco a pouco, minha angústia foi se transformando em resignação e coragem. Minha mente foi aquietando e o meu coração, sendo acolhido por uma força maior que eu. Foi quando eu me reinventei, me recriei a partir das cinzas, como uma águia que busca reconquistar seu espaço em meio ao caos. E nada como um dia após o outro. Como mães, temos a incrível capacidade de nos adaptar e nos reinventar com criatividade e resiliência.

A mente mais tranquila foi dando espaço a soluções criativas para lidar com as dificuldades do puerpério e do isolamento social. O afeto presencial virou virtual, a revolta deu lugar à gratidão pelas conquistas diárias, o controle virou entrega com fé por dias melhores. O ideal se transformou no possível. Tomei as rédeas da minha vida e decidi parar de resistir aos problemas. Passei a lidar com eles. **A mulher na liderança se transformou na mãe na liderança.**

Durante semanas, pensei em alternativas, pesando prós e contras, até que decidi conversar com a minha funcionária Natália, meu braço direito, e pedir ajuda. Até então, eu estava mantendo-a com os pagamentos em dia, por quatro meses em sua casa sem trabalhar, devido à pandemia de covid-19. Abri para ela minhas dificuldades, expus minhas vulnerabilidades e perguntei como ela se sentiria de ir me ajudar alguns dias na semana, eu pagando transporte particular para ela evitar exposição no transporte público. Ela nem sequer esperou eu terminar de falar e topou de primeira. Para ela, também seria um alívio, pois morava sozinha e estava se sentindo muito só com o isolamento social.

Ufa! Vi uma luz brilhante no fim do túnel outra vez. Foi ótimo ter conseguido pedir ajuda e ter tido a oportunidade de chegar a uma solução que foi boa não somente para mim, mas para minha funcionária também. Pode parecer um fato simples para algumas pessoas, mas para mim foi um dos grandes aprendizados da maternidade: aprender a pedir ajuda; um divisor de águas na minha vida.

Pedir ajuda não significa fraqueza. Não quer dizer que você não esteja pronta. Significa apenas reconhecer que você é um ser humano com limitações e que necessita de apoio para continuar existindo em sociedade, principalmente no que diz respeito à função do maternar. Afinal, como já dizia outro sábio provérbio africano, "é preciso uma aldeia para criar uma criança". E como isso é verdade.

Como acredito muito no acaso, entendi que eu precisava ter passado por todas essas dificuldades, sendo mãe de primeira viagem, porque tinha uma revolução interna a fazer. Precisava aprender a abrir mão do controle e a pedir ajuda. E isso tinha de ser tão forte a ponto de me mobilizar a trazer essa revolução para o mundo. E foi assim que percebi o poder das alianças, não somente para o lado pessoal, mas para todos os setores da vida. Como fez sentido! Era a peça que faltava para completar meu método de desenvolvimento de liderança e de talento, só que agora era viável e aplicável para as mães.

O primeiro pilar do método ALTA mostrou a você a importância de se autoconhecer, de descobrir sua singularidade e seu propósito neste mundo. O segundo pilar lhe mostrou como se posicionar com liderança e protagonismo para alcançar seus objetivos. O terceiro pilar chamou sua atenção para a relevância de ter clareza de talentos, que trazem oportunidade de promover contribuição social e sua revolução no mundo. O quarto e último pilar lhe evidenciou que a jornada em direção aos seus sonhos pessoais e profissionais não precisa ser solitária nem pesada. As alianças podem facilitar o caminho para você. Abra mão do controle e conquiste alianças por onde você passa, a começar pelas que deve estabelecer dentro do seu lar, com companheiro(a) e filho(a).

Agora está na hora de virar o jogo. Não temos tempo a perder. Vou ajudá-la a colocar em prática o que aprendeu com o método ALTA para que você comece já a experimentar os benefícios.

> *"Sonho que se sonha só*
> *É só um sonho que se sonha só*
> *Mas sonho que se sonha junto é realidade"*
> "Prelúdio" – Raul Seixas[141]

Capítulo 10

Método ALTA na prática

A aplicação do método ALTA em mentorias e programas de treinamento envolve um conjunto de estratégias, técnicas e ferramentas para ajudar mulheres no processo de desenvolvimento único e individual em cada um dos quatro pilares. De modo a tornar meu método acessível e expandir a rede de abrangência em número de pessoas beneficiadas, trago aqui ferramentas que se apresentam como propostas poderosas e de fácil aplicação para que você experimente os benefícios do ALTA.

Não é "só" teoria. Aqui você vai experimentar a prática e colher os frutos tão logo termine este capítulo e vivencie as experiências e os exercícios aqui presentes. Quero pegar você pela mão e impulsioná-la na direção dos seus sonhos pessoais e profissionais. Mas o salto é você quem dá. Ele depende do seu nível de comprometimento e da sua disposição para mudar de vida. Para viabilizar o processo, selecionei uma ferramenta prática para você exercitar cada pilar do método ALTA e montar seu plano revolucionário.

Reserve um tempo para se concentrar na realização desses exercícios. Minimize distrações. Mantenha sua mente e seu coração abertos no processo. Faça anotações aqui no livro sobre as reflexões e ideias que surgirem durante a prática. Faça deste livro o seu diário pessoal. Seus registros serão valiosos para o plano de ação que você montará ao final.

Está pronta para iniciar a sua revolução? Vamos lá!

190 *Passo 1*

Exercitando o autoconhecimento

Neste primeiro passo, vamos realizar, por meio dos processos de identificação e diferenciação com os perfis de mulheres que discutimos no Capítulo 2, uma autoanálise. Depois vamos aplicar a ferramenta da **Roda da Vida**, para proporcionar a reflexão sobre como você está priorizando e atuando em cada um dos doze pilares da sua vida.

1. Retorne ao Capítulo 2 e relembre os diferentes perfis de mulheres que tentam conciliar carreira e maternidade.

   a) Com qual(is) perfil(s) você mais se identifica? Por quê? Anote aqui suas respostas: _____
   _____
   _____
   _____
   _____
   _____

   b) E com quais características desses perfis você se identifica? Reflita sobre os termos grifados em negrito no Capítulo 2. Anote aqui suas respostas: _____
   _____
   _____
   _____
   _____
   _____

   c) Que características a diferenciam dos perfis que você selecionou? Anote aqui suas respostas: _____
   _____
   _____
   _____
   _____
   _____

2. Observe os diferentes setores e pilares da Roda da Vida.

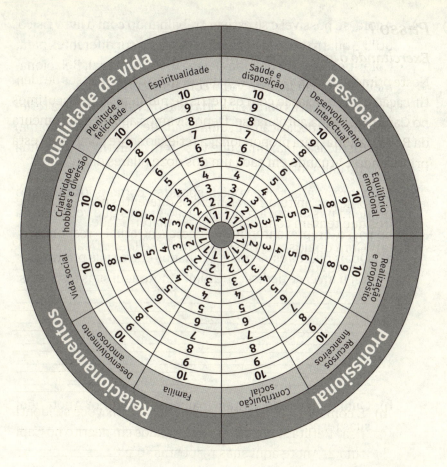

3. Comece dedicando dez minutos para pensar em quais são as áreas mais importantes na sua vida. Para isso, você pode se perguntar:

   a) Quais são as áreas mais importantes da minha vida? *Exemplo: família, saúde, trabalho etc.* Anote aqui suas respostas:
   _____
   _____
   _____

   b) Quais papéis sociais eu desempenho mais ativamente hoje? *Exemplo: mãe, esposa, profissional, filha, amiga etc.* Anote aqui suas respostas: _____
   _____
   _____
   _____

4. Agora, se possível e se estiver trabalhando com o livro físico, utilize quatro cores de caneta ou lápis de cor diferentes para:

- Colorir cada setor da vida (Pessoal, Profissional, Relacionamentos e Qualidade de Vida) com uma cor distinta.
- Preencher com as cores em cada pilar da vida de modo a refletir o nível de dedicação, em uma escala de 1 (dedicação mínima) a 10 (dedicação máxima), que você tem conferido a cada uma delas atualmente.

5. Compare as áreas que você respondeu como prioritárias no primeiro passo com a representação gráfica que você coloriu no passo 2 representando sua dedicação atual e responda:

a) Quais pilares estão mais alinhados entre suas prioridades e seu nível de dedicação atual? Anote aqui suas respostas:

_____

_____

_____

_____

_____

b) Quais pilares apresentam maior desequilíbrio? Anote aqui suas respostas: _____

_____

_____

_____

_____

c) O que impede você de equilibrar essas áreas? Anote aqui suas respostas: _____

_____

_____

_____

_____

d) O que você pode fazer para equilibrar os pilares prioritários? Anote aqui suas respostas: _____

_____

_____

_____

_____

Passo 2

Exercitando a liderança

Neste passo, proponho um diagnóstico de liderança, por meio de uma autoavaliação e coleta de feedback de terceiros em relação às suas habilidades e características de liderança, seguindo o modelo "Por uma vida". Para relembrar os conceitos e rever os exemplos, volte ao Capítulo 7.

1. Selecione cinco pessoas que convivem com você em diferentes ambientes. Pode ser cônjuge, familiares, amigos, colegas de trabalho etc. O importante é que a amostra seja diversa e representativa dos diferentes papéis sociais que você exerce.
2. Tire uma foto da tabela abaixo e envie-a para cada uma das pessoas selecionadas, incluindo a mensagem proposta abaixo. Fique à vontade para alterá-la caso julgue conveniente. Entendo que o processo pode ser desconfortável, mas garanto que ele poderá ajudá-la no seu desenvolvimento. Mantenha-se firme no propósito e parabéns pela coragem!

Assunto: Agradeço a sua ajuda no meu plano de desenvolvimento

Prezado(a) [nome],

Estou muito animada de participar de um programa de desenvolvimento pessoal e profissional com foco em ajudar mulheres a conciliarem carreira e maternidade. Como valorizo nossa relação e confio bastante na sua avaliação, gostaria de solicitar seu feedback sobre minhas habilidades de liderança, de acordo com as características descritas na tabela abaixo. Avalie de 1 (pouco presente/pouco consistente) até 10 (muito presente/muito consistente) a prevalência, baseada na sua observação, de tais características no meu padrão de comportamento. Informe-me também em qual dessas características eu me destaco mais e em quais delas você gostaria de ver mais em mim. Por favor, seja o mais verdadeiro possível na sua avaliação, pois ela me ajudará muito no meu plano de desenvolvimento. Conto com o seu retorno em até sete dias.

Desde já, agradeço muito seu tempo e sua disponibilidade em apoiar o meu crescimento pessoal e profissional.
Um abraço, [nome]

DIAGNÓSTICO DE LIDERANÇA:	AUTOAVA-LIAÇÃO (1-10)	FEED-BACK 1 (1-10)	FEED-BACK 2 (1-10)	FEED-BACK 3 (1-10)	FEED-BACK 4 (1-10)	FEED-BACK 5 (1-10)	PONTUA-ÇÃO (MÉDIA)
Protagonista							
Ousada							
Resiliente							
Única							
Merecedora							
Autoconfiante							
Vulnerável							
Influente							
Determinada							
Apaixonada							
Destaque							
Gostaria de ver mais							

3. Faça a sua autoavaliação respeitando os mesmos critérios da avaliação por terceiros.

4. Ao receber os feedbacks, mantenha a mente e o coração abertos, afinal, as pessoas estão querendo contribuir com você. Não tente argumentar em relação às avaliações recebidas e nem as justificar. Aceite-as, mesmo que não concorde com elas. Nesse caso, será preciso trabalhar a percepção das pessoas sobre você.

5. Consolide os resultados obtidos na tabela acima e depois calcule a média de todas as respostas, incluindo a sua própria.

6. Quais características estão mais alinhadas entre a sua autoavaliação e os feedbacks que você recebeu? Escreva aqui sua resposta:

_____

_____

_____

_____

7. Quais características estão mais contrastantes? Escreva aqui sua resposta: _____
_____
_____

8. Quais características são as suas fortalezas? Média acima de 8 e características mais frequentes respondidas nos feedbacks como "Destaques": _____
_____
_____
_____

9. Quais características apresentam maiores necessidades de desenvolvimento? Média abaixo de 5 e características mais frequentes respondidas nos feedbacks como "Gostaria de ver mais": _____
_____
_____
_____

10. Que comportamentos você pode adotar a partir de agora para desenvolver as características respondidas no item 9?
_____
_____

Passo 3:

Exercitando o talento

Neste passo, vamos realizar uma autoavaliação sobre suas inteligências e seus talentos.

1. Para cada um dos oito tipos de inteligência descritos a seguir, avalie com:
   - 1, se você considera que sua habilidade está abaixo da média quando em comparação às pessoas com as quais convive;
   - 2, se você considera que sua habilidade está alinhada com a média das pessoas com as quais convive;
   - 3, se você considera que sua habilidade está acima da média quando em comparação às pessoas com as quais convive.

196

- **Inteligência linguística**: habilidade de analisar informações e criar produtos envolvendo linguagem escrita e oral, tais como discursos, livros e documentos. Avaliação: _____
- **Inteligência lógico-matemática**: habilidade de desenvolver equações, fazer cálculos e resolver problemas abstratos. Avaliação: _____
- **Inteligência espacial**: habilidade de reconhecer e manipular imagens espaciais de grande escala e alta granularidade. Avaliação: _____
- **Inteligência musical**: habilidade de produzir, lembrar e dar significado a diferentes padrões de som. Avaliação: _____
- **Inteligência naturalista**: habilidade de identificar e distinguir entre diferentes tipos de plantas, animais e formações climáticas que são encontrados no mundo natural. Avaliação: _____
- **Inteligência corporal-cinestésica**: habilidade de usar o próprio corpo para criar movimentos, produtos ou resolver problemas. Avaliação: _____
- **Inteligência interpessoal**: habilidade de reconhecer e entender o humor, os desejos, as motivações e intenções dos outros. Avaliação: _____
- **Inteligência intrapessoal**: habilidade de reconhecer e entender seu próprio humor, desejos, motivações e intenções. Avaliação: _____

2. A área profissional em que você atua hoje está alinhada com suas inteligências em destaque, nas quais você apresenta habilidades acima da média?

_____

3. Seus sonhos profissionais estão em congruência com as inteligências que você avaliou como acima da média?

_____

4. O que você pode fazer para aproximar seus talentos da sua área de atuação profissional?

_____

Passo 4

Exercitando as alianças

Neste passo, vamos avaliar como estão as suas alianças e identificar quais ações você pode colocar em prática para fortalecê-las. Retorne ao Capítulo 9 se achar necessário revisar os diferentes tipos de alianças e suas respectivas ferramentas.

1. Avalie cada tipo de aliança de acordo com seu nível atual:
   - Fraca: aliança inexistente ou pouco consistente.
   - Intermediária: aliança que funciona eventualmente, mas sem consistência.
   - Forte: aliança sólida e consistente.
2. Para as alianças que você considerou como intermediárias e fracas, que ações ou ferramentas você pode utilizar para fortalecê-las?

ALIANÇAS	AVALIAÇÃO ATUAL	COMO POSSO FORTALECÊ-LAS
Individualidade		
Parceiro(a)		
Profissional		
Maternal		
Filhos		

198 *Passo 5:*

Criando seu plano revolucionário

Neste passo, vamos revisar as análises, observações e os comentários capturados nos exercícios anteriores e montar um plano de ação para iniciar a sua revolução. Vamos utilizar o modelo de metas SMART, com ações específicas, mensuráveis, atingíveis, relevantes e com tempo definido para conclusão.

1. Revise suas avaliações e seus comentários dos passos anteriores.
2. Selecione as ações que julgar mais relevantes para ajudá-la no seu desenvolvimento como "mãe na liderança" e na promoção de sua revolução no mundo.
3. Consolide na tabela a seguir até duas ações em cada pilar para gerar a transformação que aproximará você do seu sonho e que preencha todos os campos requeridos do plano.

PILAR ALTA	AÇÕES ESPECÍFICAS E RELEVANTES	COMO MEDIR O SUCESSO DAS AÇÕES	PRAZO PARA CONCLUSÃO (ATÉ 12 MESES)
Autoconhecimento	1- 2-		
Liderança	1- 2-		
Talento	1- 2-		
Alianças	1- 2-		

Passo 6:

Monitorando seu progresso

Uma vez que seu plano revolucionário estiver montado, é hora de partir para a ação. O fundamental é viver cada um dos passos do método ALTA no dia a dia. Seu resultado será diretamente proporcional ao seu nível de comprometimento com a implementação do plano.

1. Mantenha seu plano de ação visível e acessível, para facilitar relembrá-lo.
2. Registre marcos dos prazos finais estabelecidos no seu calendário ou crie lembretes no seu celular.
3. Monitore o progresso de seus compromissos regularmente, pelo menos uma vez ao mês.
4. Revise ou crie um novo plano revolucionário a cada 12 meses.
5. Comemore suas conquistas ao longo da jornada!

Vale mais uma vez reforçar que o programa completo de desenvolvimento pessoal e profissional por meio da metodologia ALTA inclui uma variedade de estratégias, ferramentas e recursos ilimitados. No entanto, os exercícios práticos compartilhados neste capítulo são amostras no intuito de exemplificar o trabalho feito em cada pilar do método. Meu principal intuito é lhe dar, desde já, a chance de ver e sentir que sua transformação já é real, de experimentar os benefícios do ALTA e de poder iniciar a revolução da sua vida. Comece agora mesmo. O mundo precisa de você!

"Mudar comportamento é menos uma questão de dar às pessoas uma análise para influenciar seus pensamentos do que ajudá-las a ver a verdade para influenciar seus sentimentos."[142]

Capítulo 11

O mundo precisa de mães na liderança

O mundo precisa de mães em posições de liderança. Não estamos falando simplesmente de um cargo em uma empresa de sucesso ou de um salário alto ou até mesmo de status social. Estar na liderança diz respeito a uma mudança de paradigma, de crenças, de noção de valor pessoal, de realização de sonhos. Estar na liderança é um modo de pensar, de se permitir, de ir além, de recomeçar ou de acelerar.

Estar na liderança quer dizer que nos damos conta do nosso potencial de mudança transgeracional, de quebrar ciclos, reposicionar mulheres, unir forças, nos reconstruir não "só" profissionalmente, mas como mulheres. Estar na liderança é estar no controle da própria vida e destino. E, acima de tudo, se permitir tudo que se queira, sem abrir mão dos nossos sonhos simplesmente porque nos tornamos mães. Podemos ser completas, inteiras, incomparáveis.

Temos anos de história que nos negligenciou como mulheres, profissionais, mães. Nada pode ser feito para mudar o que passou. Por mais que possamos nos conscientizar, ter noção dos abusos sofridos por mulheres, anos de exclusão e desmerecimento, o passado está em um lugar inacessível. Podemos lamentar, chorar, nos vitimizar, mas não podemos mudar o que já se foi.

A boa notícia é que, a partir do momento em que o relógio mostra o próximo segundo, temos o poder de reescrever essa história ampliado com novas páginas e linhas que ainda estão em branco. O futuro é um lugar em que podemos construir o que quisermos se, agora, no presente, estivermos dispostas a colocar em prática as ferramentas que vimos neste livro. A mudança começa onde é plantada uma semente. E espero que isso esteja acontecendo no seu coração agora. Podem nos tirar tudo, menos o que plantamos dentro de nós. Isso tem um poder de transformação e ressignificação inigualáveis.

Plantar a semente da mudança em nosso coração diz respeito a honrar nossas ancestrais, honrar a história que elas não puderam viver, a liberdade que elas não puderam alcançar, a liderança interna que não puderam sentir. O que nos cabe agora é transformar o futuro, honrando quem se foi e ancorando e dando suporte para quem virá, como nossas filhas e outras mulheres que precisam encontrar um terreno melhor.

Depende de nós não só a própria mudança, mas a história como um todo. Não se trata apenas da necessidade de satisfazer uma realização pessoal, mas da contribuição para a evolução de toda a humanidade. Cada mãe guarda em si o potencial de transformar o seu entorno e de impactar vidas. A sua revolução começa nela e por meio dela, mas a transcende.

Mães na liderança podem beneficiar diferentes setores, grupos de pessoas e relacionamentos. Em se tratando de macroeconomia, por exemplo, a participação de mulheres no mercado de trabalho é o alicerce para a estabilidade, a segurança e o desenvolvimento econômico dos países.[143] Se as mulheres participassem da economia de modo igual aos homens, resultaria em um impulso de US$ 2,6 trilhões[144] na economia da América Latina e em um aumento em torno de 33% no Produto Interno Bruto (PIB) global.[145]

Quando as organizações corporativas são o assunto, saiba que a presença de mulheres em posição de tomada de decisão gera maior retorno sobre o investimento, crescimento em vendas e maior retorno do fluxo de caixa sobre os investimentos.[146] Além disso, um ambiente mais diverso e inclusivo é mais propício à inovação, retenção de talentos e sentimento de pertencimento.[147]

Na esfera familiar, filhos se beneficiam de mães bem-sucedidas, realizadas, inspiradoras, responsivas às suas necessidades e dispostas a criar com vínculo, o que é fundamental para o desenvolvimento físico, cognitivo, emocional e social da criança.

Ao longo da história da humanidade, há tantas contribuições e legados incríveis deixados por mulheres que acabaram por revolucionar diferentes setores da nossa economia e da sociedade!

Conhecemos algumas delas neste livro. Você consegue imaginar como estaria o Brasil nos diferentes setores em que atuam Rosely Boschini, Rachel Maia, Cris Junqueira e Luiza Helena Trajano se elas fossem impedidas de colocar seus talentos a favor da sociedade?

Imagine se essas mulheres não tivessem plantado a semente da liderança no seu coração? Elas não estariam nos inspirando neste exato momento. Quantas outras Roselys, Rachels, Cristinas e Luizas ainda temos escondidas por aí, com um potencial enorme guardado e apenas sonhando com a oportunidade de promoverem suas revoluções?

Mães na liderança têm o potencial da transformação do momento em que dão à luz uma criança ao momento em que colocam seus talentos em ação para promover revoluções no mundo. Imagine você os seus feitos, projetos, ideias, revoluções inspirando mulheres daqui a uns anos. Não seria mágico? Você também tem esse espírito revolucionário. Desperte-o agora mesmo. Deixe seu legado!

O caminho que apresentei neste livro é o da exceção, assim como é a trajetória das mães na liderança exemplificadas aqui. É uma estrada que subverte padrões, quebra paradigmas, confronta medos, faz você tomar as rédeas da sua vida e se reinventar, lhe mostra que você pode ser mãe, líder e ainda viver a sua melhor versão, enquanto contribui para algo muito maior. Independentemente da sua história até aqui ou das pedras no seu caminho, tenho certeza de que você está preparada para começar sua jornada para se tornar uma mãe na liderança!

Você pode construir seu próprio degrau

Pequenos passos podem, juntos, se transformar em quilômetros. Não se preocupe com a quantidade de passos de uma só vez, mas, sim, em mantê-los constantes e alinhados com o resultado maior. Lidere sua carreira e maternidade de modo conectado com seus valores, talentos e propósito. Dê espaço para a sua missão revolucionária. Faça uso das suas alianças. Não se distraia. Tenha ciência dos seus sabotadores e não deixe que eles te paralisem ou atrapalhem a sua jornada. Apesar de quaisquer distrações, quando estamos verdadeiramente conectadas com nosso propósito, conseguimos tempo, recursos, energia e disposição para seguir em frente.

Estar na liderança é um modo de pensar, de se permitir, de ir além, de recomeçar ou de acelerar.

@maesnalideranca

Eu, por exemplo, continuo realizando a minha travessia em mar aberto e saiba que o mar continua turbulento por aqui. Desde que comecei a escrever este livro, estou passando pela adaptação da minha família em um novo país, depois que vim expatriada a trabalho para os Estados Unidos. Perdi a minha rede de apoio e precisei reconstruí-la do zero. Fiz a adaptação da Mallu na creche e essa não foi uma tarefa nada fácil. Precisei me provar profissionalmente em um ambiente onde não me conheciam e em uma língua que não é a minha nativa. Devido a algumas reestruturações internas da empresa, precisei acumular duas funções temporariamente, tornando meu tempo ainda mais escasso. Minha filha ficou doente várias vezes e passou por quatro convulsões febris em menos de um ano. Senti medo, muito medo, e não tive a minha família de origem nem amigos para me dar um ombro para chorar ou um colo para me acolher.

Ativei a mãe na liderança que existe em mim, reguei a semente que plantei há alguns anos sobre não negociar meus sonhos e, de modo conectado com meu propósito, segui em frente. O amor e o vínculo que estabeleci com a minha família são tão intensos que me deram forças para superar todas as pedras do caminho e certamente contribuíram para me tornar uma mulher, mãe e profissional muito melhor. Hoje meus olhos também se enchem de lágrimas, mas dessa vez de orgulho. Orgulho de não ter desistido de mim, de ter aprendido a ser vulnerável, de pedir e aceitar ajuda, de ter enfrentado os meus medos, de ter corrido riscos, de ter me doado e feito meu melhor como mãe, profissional e esposa, de ter aceitado minha missão de vida, de ter seguido firme no meu propósito e paixão de revolucionar as condições de conciliação de carreira e maternidade para as mulheres, de ter conseguido reunir aqui neste livro décadas de experiências, aprendizados e segredos sobre o sucesso de mães na liderança que nunca vi consolidados em lugar nenhum.

Eu e muitas outras mães na liderança estamos com você. Estamos segurando a sua mão, mas somente você pode fazer essa travessia. Agora a boia está com você. Agarre-a. Comece buscando clareza de quem você é, o que a torna única e que você veio revolucionar neste mundo. Pode ter certeza de que não veio a esta vida à toa. Existe uma missão guardada aí dentro, e só você possui os talentos para executá-la!

206   Considere-se uma vencedora por ter chegado até aqui. Sei que a jornada pode ter sido desconfortável em alguns momentos. Mas, se você me acompanhou até agora, tenho certeza de que algo aí dentro foi despertado. Acredito em você e confio no seu potencial. Coloque o método ALTA em prática e siga confiante na direção do seu propósito. A vitória é certa!

Nossa história não termina por aqui. A missão das mães na liderança segue firme diariamente. Continue em contato comigo e entre para a nossa comunidade por meio das redes sociais no Instagram, Facebook, YouTube, Telegram, através do perfil @maesnalideranca. Me conte da evolução do seu plano pelo e-mail contato@maesnalideranca.com.br. Se quiser se aprofundar no método e ter um acompanhamento mais próximo e exclusivo comigo, saiba mais sobre meus cursos e programas de mentoria nas minhas páginas. Espero você!

Comece buscando clareza de quem você é, o que a torna única e que você veio revolucionar neste mundo.

@maesnalideranca

Capítulo 12

Agora feche os olhos

"Nós vemos, nós sentimos, nós mudamos."
— John Kotter (2002)[148]

Agora vou revelar meu talento especial. Sim, eu guardei o melhor para o final. Consigo enxergar por intermédio do outro o seu potencial de revolução. E, como você chegou até aqui, eu quero lhe dar esse presente. Permita-me guiá-la nessa viagem por alguns minutos. Mantenha sua mente e seu coração abertos. Viaje comigo, visualize, veja e sinta o que você pode ser.

Neste momento, eu seguro as suas mãos, você olha dentro dos meus olhos e consegue se transportar para o futuro, daqui a dez anos. Você se depara de frente com uma escadaria de madeira de mil degraus. À primeira vista, a escada parece longa, alguns degraus parecem até mesmo quebrados, mas você tem certeza de que precisa subi-la, degrau por degrau. Enquanto está subindo, você se apoia no corrimão e escuta o som do sapato tocando a madeira em cada passo que dá. O som vai ritmando, assim como sua subida.

Você olha para cima, tentando avistar o final da escada, e percebe que existem rachaduras e objetos no piso de alguns dos degraus. Você então mantém a atenção de modo a desviar dos obstáculos. Apesar disso, você segue tranquila e confiante, porque se sente segura. Quando atinge mais ou menos metade dos degraus percorridos, decide fazer uma pausa para recuperar o fôlego. Você pensa que não vai conseguir chegar ao final da escada. Olha para trás com pesar e fica com medo de todos os seus passos dados até então terem sido em vão. Mas, de repente, você pensa que existe algo muito valioso esperando por você lá em cima. Nota que sua respiração está ofegante. Então respira profundamente, sentindo o ar fresco entrar pelos pulmões e depois sair pela sua boca mais quente. Você repete essa mesma respiração por três vezes, até que é tomada por um ânimo e se sente pronta para seguir a subida.

Você continua subindo até que se dá conta de que faltam apenas cinco degraus para chegar ao topo. Você decide começar a contar seus passos mentalmente, de forma regressiva. Cinco, quatro, três, dois, um, cheguei! Você comemora sua conquista. Ao olhar para a frente, você vê um portal dourado, grande, imponente e sente que precisa atravessá-lo. Você então caminha até ele e atravessa para o outro lado.

Chegando do outro lado, você se emociona. Que lugar lindo! Você sente que está em um ambiente muito agradável e muito confortável. Sente que pertence àquele lugar. Tudo parece perfeito. Os objetos, as cores, os sons, a temperatura, a vista, a fragrância, tudo em plena harmonia. Você começa a caminhar pelo ambiente, olha para os lados à procura das pessoas que você ama.

Você escuta risadas familiares e então segue na direção delas. Chegando lá, você se emociona outra vez. Todas, absolutamente todas as pessoas especiais da sua vida estão reunidas naquele ambiente. Você olha cada uma delas nos olhos, em sinal de cumprimento e gratidão por estarem ali por você. Você tem certeza de que aquele é um momento especial, pelo qual esperou por muitos anos. À sua esquerda, você olha para a família que lhe deu a vida e ajudou a construir a pessoa que você se tornou hoje. Ao lado deles, vê seus amigos mais especiais, aqueles que a apoiaram nos momentos mais difíceis da sua vida, mas que também compartilharam as alegrias das suas conquistas.

Ao centro, você reconhece seus aliados profissionais, todos aqueles que abriram portas para você, que lhe deram oportunidades, que ajudaram no seu desenvolvimento, que se uniram em parceria com você para transformar seus sonhos profissionais em realidade. Mais à direita, estão todas aquelas pessoas que, apesar de não serem da sua família, foram muito importantes para ajudar você a chegar aonde chegou. São profissionais de diferentes áreas, que a auxiliaram para alcançar seus objetivos pessoais e profissionais. À direita do último grupo, você chora de emoção ao olhar nos olhos de cada pessoa que integra a família que você formou. Vocês sentem uma conexão profunda e um orgulho mútuo enorme dos seres humanos que são.

Mais ao fundo, você observa uma multidão de gente sorrindo e aplaudindo você de pé. Reconhece que são as pessoas que você ajudou, ao longo da sua trajetória, por meio do seu trabalho e dos seus talentos. Elas começam a compartilhar com você, uma a uma, como você as ajudou e o quanto elas se sentem gratas por você existir. E, ao escutar atentamente cada um dos relatos daquelas pessoas, uma lágrima de felicidade cai dos seus olhos e escorre pelo seu rosto. Você é tomada por uma emoção tão grande que é incapaz de nomear. Você já conhecia o valor do seu trabalho, mas não fazia ideia do impacto dele na vida das pessoas.

Você então ouve outro grupo de pessoas aplaudindo atrás de você. Quando se vira para ver quem são, reconhece aqueles que a seguem e se inspiram em você. Eles acompanham cada passo de sua jornada e aprendem com você como se comportar para atingir seus objetivos de vida. Eles lhe dizem para seguir em frente, para continuar inspirando suas trajetórias.

Neste momento, você sente uma brisa fria passando por sua cabeça e decide olhar para o alto. Você avista uma luz dourada forte e luminosa e é tomada por uma onda de energia tão intensa, que a faz arrepiar da base da coluna, subindo para o pescoço e depois descendo pelos seus braços. Você tem certeza de que está conectada com uma força superior e então fecha os olhos. Ao fechá-los, um novo mundo se abre. É o seu templo interior. Você se enxerga projetada em tamanho gigante, poderosa, totalmente conectada consigo mesma e com outras formas de energia que não sabe ao certo identificar. Você sente que está em fusão com uma fonte superior. Percebe que tem algumas mãos sustentando você e, quando busca entender quem são, reconhece que são suas ancestrais, olhando-a com um sorriso de orgulho de quem você se tornou, da história que construiu, dos obstáculos que superou, dos padrões que rompeu, da transformação que liderou e dos caminhos que abriu, não só para você, mas para muitas pessoas e gerações.

Assim, você reflete sobre como está se sentindo e então tem certeza de que está vivendo em pleno alinhamento com seu propósito.

Você se sente orgulhosa de si mesma, sente gratidão por ter persistido nos seus sonhos, por ter seguido em frente, por ter contado com aliados no caminho, por ter ajudado muitas pessoas por onde passou. É isso! Tudo agora faz sentido. Eu posso ver. É lindo, é poderoso, é real, você deixando o seu legado, de degrau em degrau, **DA LUZ À REVOLUÇÃO.**

Existe uma <u>missão</u> guardada aí dentro, e só você possui os talentos para executá-la!

@maesnalideranca

Notas

Introdução

1   IBGE. **Estatísticas de Gênero – Indicadores sociais das mulheres no Brasil,** 2a. ed. Estudos e Pesquisas, Informação Demográfica e Socioeconômica, 2021.

2   *Ibidem.*

3   WORLD Economic Forum. **Global Gender Gap Report 2022**, jul. 2022. Disponível em: https://www3.weforum.org/docs/WEF_GGGR_2022.pdf. Acesso em: 21 jan. 2023.

4   IBGE. *Op. cit.*

5   PINHO NETO, V. **The labor market consequences of maternity leave policies: evidence from Brazil**. Fundação Getulio Vargas, 2016. Disponível em: https:// portal.fgv.br/think-tank/mulheres-perdem-trabalho-apos-terem-filhos. Acesso em: 10 out. 2022.

6   DESCONSTRUINDO Amélia. Pitty. In: CHIAROSCURO. Rio de Janeiro: DeckDisc, 200. Faixa 7.

Capítulo 1: Onde estão as mulheres do conselho?

7   DRUMMOND DE ANDRADE, C. No meio do caminho. **Revista de Antropofagia**, n. 3, 1928.

8   IBGE. *Op. cit.*

9   WORLD Economic Forum. *Op. cit.*

10   IBGE. *Op. cit.*

11   BREAKING the glass ceiling, broken marriages. **American Economic Association**, 29 jan. 2020. Disponível em: https://www.aeaweb.org/research/ charts/women-men-top-jobs-divorce. Acesso em: 17 out. 2022.

12   SCHWARTZ, C. R.; GONALONS-PONS P. Trends in relative earnings and marital dissolution: are wives who outearn their husbands still more likely to divorce? **RSF**: The Russell Sage Foundation Journal of the Social Sciences, v. 2, n. 4, p. 218-236, ago. 2016. Disponível em: https://www.ncbi.nlm.nih.gov/pmc/ articles/PMC5021537/. Acesso em: 17 out. 2022.

13 TRANSTORNOS mentais durante a gravidez e pós-parto esbarram em estigma, mostram pesquisadoras. **Informe ESNP Fiocruz**, 2020. Disponível em: https://informe.ensp.fiocruz.br/noticias/48306. Acesso em: 15 set. 2022.

14 PINHO, P. de S; ARAÚJO, T. M. de. Associação entre sobrecarga doméstica e transtornos mentais comuns em mulheres. **Revista Brasileira de Epidemiologia**, v. 15, n. 3, set. 2012. Disponível em: https://www.scielo.br/j/rbepid/a/dxHcftTBL5b8P5YcXmwFwGG/?lang=pt. Acesso em: 11 out. 2022.

15 WOMEN @ Work 2022. **Deloitte**, 2022. Disponível em: https://www2.deloitte.com/br/pt/pages/human-capital/articles/impacto-pandemia-carreira-mulheres.html. Acesso em: 27 nov. 2022.

16 BUCKMAN, J. E. J. et al. Socioeconomic indicators of treatment prognosis for adults with depression. **JAMA Psychiatry**, v. 79, n. 5, p. 406-416, 2022. Disponível em: https://jamanetwork.com/journals/jamapsychiatry/fullarticle/2789901. Acesso em: 11 out. 2022.

17 IBGE. *Op. cit.*

18 CAMPANHA nacional busca estimular aleitamento materno. **Conselho Nacional de Saúde,** 3 ago. 2022. Disponível em: http://conselho.saude.gov.br/ultimas-noticias-cns/2584-campanha-nacional-busca-estimular-aleitamento-materno. Acesso em: 21 out. 2022.

19 FRANCO, J. **O poder do apego**: como construir uma base segura e garantir saúde física, mental e emocional para seu filho. [*S.l.*]: Skoobooks, 2020.

20 BRASIL. Decreto-lei nº 5.452, de 1º de maio de 1943. Aprova a Consolidação das Leis do Trabalho. Brasília [1943]. Disponível em: https://www.planalto.gov.br/ccivil_03/decreto-lei/del5452.htm. Acesso em: 22 out. 2022.

21 PINHO NETO, V. *Op. cit.*

22 *Ibidem.*

23 BATISTA, L.; MATTOS L. Sem atalhos: transformando o discurso em ações efetivas para promover a liderança feminina. **Bain & Company**, 3 jul. 2019. Disponível em: https://www.bain.com/contentassets/e4fcb1f4478f49658dacdbcfe326b07e/bain_linkedin_liderancafeminina_sematalhos.pdf. Acesso em: 10 out. 2022.

24 *Ibidem.*

25 *Ibidem.*

26 *Ibidem.*

27 ACELERANDO o futuro das mulheres nos negócios – Women's Leadership Summit Report. **KPMG**, 2020. Disponível em: https://assets.kpmg/content/dam/kpmg/br/pdf/2021/03/Sindrome-da-Impostora.pdf. Acesso em: 30 out. 2022.

28 BATISTA, L.; MATTOS L. *Op. cit.*

29 *Ibidem.*

30 CARLIN. Meritocracia. **La Republica**. Disponível em: https://larepublica.pe/carlincatu. Acesso em: 5 fev. 2019.

Capítulo 2: Mãe ou profissional: por que não posso ser os dois?

31 Os casos que relatarei neste livro têm caráter ilustrativo, apesar de serem baseados na realidade. De forma a preservar a identidade das pessoas envolvidas, os nomes e os dados pessoais e profissionais foram alterados (N. A.).

32 MACHADO, R. B. et al. Diferentes percepções entre mulheres e seus médicos sobre o aconselhamento contraceptivo: resultados da pesquisa TANCO no Brasil. **Revista Brasileira de Ginecologia e Obstetrícia**, v. 42, n. 5, p. 255-265, 2020. Disponível em: https://www.scielo.br/j/rbgo/a/BshxHS6MmFTVbMtM7RqCkxH/?format=pdf&lang=en. Acesso em: 31 out. 2022.

33 BERNARDO, A. É como se não ter filhos fosse uma tragédia: o estigma contra mulheres que não são mães. **BC**, 2022. Disponível em: https://www.bbc.com/portuguese/brasil-62144903. Acesso em: 31 out. 2022.

Capítulo 3: O problema é estrutural

34 A ESTRADA. Cidade Negra. *In*: QUANTO mais curtido melhor. Rio de Janeiro: Sony Music Entertainment (Brasil), 1998. Faixa 5.

35 FABIANNE. História dos direitos femininos no Brasil e no mundo. **Cidadania Ativa Universidade Federal Fluminense**, 5 mar. 2021. Disponível em: https://cidadaniaativa.uff.br/2021/03/05/historia-dos-direitos-femininos-no-brasil-e-no-mundo/. Acesso em: 2 nov. 2022.

36 *Ibidem*.

37 LESSA, D. Especial Licença-Maternidade 2 — Evolução das leis e costumes sobre licença-maternidade no Brasil (06'02"). **Rádio Câmara**. Disponível em: https://www.camara.leg.br/radio/programas/293878-especial-licenca-maternidade-2-evolucao-das-leis-e-costumes-sobre-licenca-maternidade-no-brasil-0602/. Acesso em: 2 nov. 2022.

38 *Ibidem*.

39 *Ibidem*.

40 FRANCO, J. *Op. cit.*

41 WHETHER you believe you can do a thing or not, you are right. **Quote Investigator**. Disponível em: https://quoteinvestigator.com/2015/02/03/you-can/ Acesso em: 2 nov. 2022.

42 BECK, A. T. et al. **Terapia cognitiva da depressão**. Porto Alegre: Artmed, 1997.

43 BECK, J. S. **Terapia cognitiva**: teoria e prática. Porto Alegre: Artmed, 1997.

44 BECK, A. T. Além da crença: uma teoria de modos, personalidade e psicopatologia. In: SALKOVSKIS, P. M. (ed.). **Fronteiras da terapia cognitiva**. São Paulo: Casa do Psicólogo, 2005. p. 21-40.

45 BECK, J. S. **Terapia cognitiva para desafios clínicos**: o que fazer quando o básico não funciona. Porto Alegre: Artmed, 2007.

46 BECK, J. S. *Op. cit.*, 1997.

47 BECK, J. S. *Op. cit.*, 2007.

48 WORLD Economic Forum. *Op. cit.*

49 PLATÃO. **A República**. Belém: EDUFPA, 2000. p. 319-322.

Capítulo 4: Mães na liderança transformam o mundo

50 ROSELY BOSCHINI. [**Minha mãe me ensinou o valor do trabalho quando ela saiu da casa de colonos na fazenda para trabalhar na cidade de São Paulo como empregada doméstica**]. Instagram: roselyboschinioficial. 12 dez. 2021. Disponível em: https://www.instagram.com/p/CXZVjLaOXe1/?utm_source=ig_web_copy_link. Acesso em: 20 nov. 2022.

51 CARVALHO, A. Rosely Boschini: a menina que editava livros. **Empresário Digital**, 13 set. 2021. Disponível em: https://www.empresariodigital.com.br/rosely-boschini/. Acesso em: 20 nov. 2022.

52 *Ibidem.*

53 *Ibidem.*

54 ROSELY BOSCHINI. [**Quem teve uma criação rígida sabe como era difícil ter um tempinho para explorar o mundo por conta própria**]. Instagram: roselyboschinioficial. 30 jan. 2022. Disponível em: https://www.instagram.com/p/CZW3S7QsPFz/?utm_source=ig_web_copy_link. Acesso em: 20 nov. 2022.

55 A MENTORA por trás dos livros mais vendidos do Brasil. **Revista Perfil**. Disponível em: https://www.perfilrevista.com.br/cases-de-sucesso-perfil/cases-de-sucess/111-agosto/134-a-mentora-por-tras-dos-livros-mais-vendidos-do-brasil. Acesso em: 20 nov. 2022.

56 **ROSELY Boschini CEO da Editora Gente contando sua história no programa Adore Mais (01/12/21)**. 2022. Vídeo (57 min. 20 s.). Publicado pelo canal Adore Mais FM. Disponível em: https://www.youtube.com/watch?v=fkKunOqEHlQ. Acesso em: 20 nov. 2022.

57 A MENTORA por trás dos livros mais vendidos do Brasil. *Op. cit.*

58 *Ibidem.*

59 *Ibidem.*

60 *Ibidem.*

61 IMERSÃO BEST-SELLER. Disponível em: https://roselyboschini.com.br/. Acesso em: 20 nov. 2022.

62 A MENTORA por trás dos livros mais vendidos do Brasil. *Op. cit.*

63 IMERSÃO BEST-SELLER. *Op. cit.*

64 CARVALHO, A. *Op. cit.*

65 GEISHOFER, R. Rosely Boschini é cidadã paulistana. **Liderança do PPS/SP**, 18 ago. 2010. Disponível em: http://vereadorespps.blogspot.com/2010/08/rosely-boschini-e-cidada-paulistana.html. Acesso em: 20 nov. 2022.

66 ROSELY BOSCHINI. [**Jamais se esqueça de sua criança interior!**]. Instagram: roselyboschinioficial. 19 jan. 2022. Disponível em: https://www.instagram.

com/p/CY6ifYbgHIY/?utm_source=ig_web_copy_link. Acesso em: 20 nov. 2022.

67 ROSELY BOSCHINI. [**Existem revoluções que vão além do mundo tecnológico, dos negócios, do marketing...**]. Instagram: roselyboschinioficial. 11 jan. 2022. Disponível em: https://www.instagram.com/p/CYmBN4FI6SH/?utm_source=ig_web_copy_link. Acesso em: 20 nov. 2022.

68 ROSELY BOSCHINI. [**Sobre resiliência**]. 8 nov. 2021. Instagram: roselyboschinioficial. Disponível em: https://www.instagram.com/p/CWB RRpzFgx3/?utm_source=ig_web_copy_link. Acesso em: 20 nov. 2022.

69 ROSELY BOSCHINI. [**Feliz Dia das Crianças!**]. Instagram: roselyboschinioficial. 12 out. 2022. Disponível em: https://www.instagram.com/p/CjoFzCdu 4sq/?utm_source=ig_web_copy_link. Acesso em: 20 nov. 2022.

70 ROSELY BOSCHINI. [**Já falou hoje com as pessoas que você ama?**]. Instagram: roselyboschinioficial. 6 fev. 2022. Disponível em: https://www.instagram. com/p/CZoq8M5MPtC/?utm_source=ig_web_copy_link. Acesso em: 20 nov. 2022.

71 MAIA, R. **Meu caminho até a cadeira número 1**. Rio de Janeiro: Globo Livros, 2021.

72 CAMPOS, L. "A vida é uma grande bênção, mas também um grande desafio", diz Rachel Maia. **Versatille**, 9 mar. 2022. Disponível: https://versatille.com/a-vida-e-uma-grande-bencao-mas-tambem-um-grande-desafio-diz-rachel-maia/. Acesso em: 21 nov. 2022.

73 MAIA, R. *Op. cit.*

74 *Ibidem.*

75 *Ibidem.*

76 *Ibidem.*

77 *Ibidem.*

78 *Ibidem.*

79 *Ibidem.*

80 CAMPOS, L. *Op. cit.*

81 MAIA, R. *Op. cit.*

82 CAMPOS, L. *Op. cit.*

83 MAIA, R. *Op. cit.*

84 PINZON, R. P. Mulheres inspiradoras: Rachel Maia. **Dicas de Mulher**, 4 jul. 2022. Disponível em: https://www.dicasdemulher.com.br/rachel-maia/. Acesso em: 21 nov. 2022.

85 KATO, M. "Meus filhos me ensinam como gerir melhor uma empresa", diz Rachel Maia. **Revista Crescer**, 3 set. 2022. Disponível em: https://revistacrescer. globo.com/Educacao-Comportamento/noticia/2022/09/meus-filhos-me-ensinam-como-gerir-melhor-uma-empresa-diz-rachel-maia.html. Acesso em: 21 nov. 2022.

86 *Ibidem.*

87 *Ibidem.*

88 *Ibidem.*

89 PINZON, R. P. *Op. cit.*

90 FONSECA, A. "Cada um sabe o seu limite", diz CEO do Nubank. **Valor**, 10 out. 22. Disponível em: https://valor.globo.com/carreira/noticia/2022/10/10/cada-um-sabe-o-seu-limite-diz-ceo-do-nubank-sembarreira.ghtml. Acesso em: 21 nov. 2022.

91 *Ibidem.*

92 QUEM é Cristina Junqueira? **Suno**. Disponível em: https://www.suno.com.br/tudo-sobre/cristina-junqueira/. Acesso em: 21 nov. 2022.

93 CRISTINA Junqueira entra na lista de bilionárias da Forbes após IPO do Nubank. **InfoMoney**, 13 dez. 2021. Disponível em: https://www.infomoney.com.br/minhas-financas/cristina-junqueira-entra-na-lista-de-bilionarias-da-forbes-apos-ipo-do-nubank/. Acesso em: 21 nov. 2022.

94 QUEM é Cristina Junqueira? *Op. cit.*

95 DISRUPTOR 50 2021: 40. Nubank. **CNBC**, 25 maio 2021. Disponível em: https://www.cnbc.com/2021/05/25/nubank-disruptor-50.html. Acesso em: 21 nov. 2022.

96 NUGENT, C. Nubank: banking the unbanked. **Time**, 26 abr. 2021. Disponível em: https://time.com/collection/time100-companies/5950068/nubank/. Acesso em: 21 nov. 2022.

97 CRISTINA Junqueira entra na lista de bilionárias da Forbes após IPO do Nubank. *Op. cit.*

98 QUEM é Cristina Junqueira? *Op. cit.*

99 FONSECA, A. *Op. cit.*

100 G4 EDUCAÇÃO. [**Quem nunca ouviu a história do CEO que, além de tocar a companhia, ainda é um triatleta?**]. Instagram: g4educacao. 8 maio 2022. Disponível em: https://www.instagram.com/p/CdS4N5euzfo/?utm_source=ig_web_copy_link. Acesso em: 21 nov. 2022.

101 MULHERES mais poderosas do Brasil em 2020. **Forbes**, 30 maio 2020. Disponível em: https://forbes.com.br/listas/2020/05/mulheres-mais-poderosas-do-brasil-em-2020/. Acesso em: 21 nov. 2022.

102 G4 EDUCAÇÃO. *Op. cit.*

103 PRIMOCAST. [**Você tem tomado boas decisões?**]. Instagram: primocast. 16 set. 2022. Disponível em: https://www.instagram.com/reel/CikGcwwD_br/?utm_source=ig_web_copy_link. Acesso em: 21 nov. 2022.

104 JUNQUEIRA, C. O que Cris Junqueira aprendeu sobre liderança feminina e todo mundo deveria saber. **Exame**, 8 mar. 2021. Disponível em: https://exame.com/colunistas/cristina-junqueira/o-que-cris-junqueira-aprendeu-sobre-lideranca-feminina-e-todo-mundo-deveria-saber/. Acesso em: 21 nov. 2022.

105 G4 EDUCAÇÃO. [**19 de novembro: Dia do Empreendedorismo Feminino**]. Instagram: g4educacao. 19 nov. 2022. Disponível em: https://www.instagram.com/p/ClJey0xu1a2/?utm_source=ig_web_copy_link. Acesso em: 21 nov. 2022.

106 JUNQUEIRA, C. *Op. cit.*

107 *Ibidem.*

108 CRISTINA JUNQUEIRA. [**2a feira meu povo!**]. Instagram: junqueira. cristina. 3 out. 2022. Disponível em: https://www.instagram.com/reel/CjQE1QRAeK5/?utm_source=ig_web_copy_link. Acesso em: 21 nov. 2022.

109 CRISTINA JUNQUEIRA. [**Perguntaram na caixinha se eu tenho consciência de quem eu sou - falei que sim, claro que tenho!**]. Instagram: junqueira. cristina. 27 ago. 2022. Disponível em: https://www.instagram.com/p/ChxtJN xu7m6/?utm_source=ig_web_copy_link. Acesso em: 21 nov. 2022.

110 CRISTINA JUNQUEIRA. [**Postando pra vcs no feed também pra poderem salvar, compartilhar...**]. Instagram: junqueira.cristina. 27 jan. 2022. Disponível em: https://www.instagram.com/tv/CZPSRYGphgI/?utm_source=ig_web_copy_link. Acesso em: 21 nov. 2022.

111 CRISTINA JUNQUEIRA. [**A decisão de carreira mais importante na vida de uma mulher é com quem ela casa.**]. Instagram: junqueira.cristina. 11 jun. 2022. Disponível em: https://www.instagram.com/reel/CernmUrAPiA/?utm_source=ig_web_copy_link. Acesso em: 21 nov. 2022.

112 MULHERES mais poderosas do Brasil em 2020. *Op. cit.*

113 SERRA, Y. Luiza Trajano relembra trajetória como empreendedora e reforça importância do exemplo familiar. **Pais & Filhos**, 16 jun. 2021. Disponível em: https://paisefilhos.uol.com.br/familia/luiza-trajano-relembra-trajetoria-como-empreendedora-e-reforca-importancia-do-exemplo-familiar/amp/. Acesso em: 21 nov. 2022.

114 SILVA, L. I. L. da. The 100 most influential people of 2021: Luiza Trajano. **Time**, 15 set. 2021. Disponível em: https://time.com/collection/100-most-influential-people-2021/6096054/luiza-trajano/ Acesso em: 21 nov. 2022.

115 ANDRADE, J. 10 mulheres mais ricas do Brasil em 2020. **Forbes**, 25 set. 2020. Disponível em: https://forbes.com.br/listas/2020/09/10-mulheres-mais-ricas-do-brasil-em-2020/. Acesso em: 21 nov. 2022.

116 SILVA, L. I. L. da. *Op. cit.*

117 SERRA, Y. *Op. cit.*

118 O EXEMPLO de Luiza Helena, que lançou livro no Recife. **Folha de Pernambuco**, 22 set. 2022. Disponível em: https://www.folhape.com.br/economia/o-exemplo-de-luiza-helena-que-lancou-livro-no-recife/241006/. Acesso em: 21 nov. 2022.

119 SERRA, Y. *Op. cit.*

120 SOMOS diversidade. **Grupo Mulheres do Brasil**. Disponível em: https://www.grupomulheresdobrasil.org.br/nossa-historia/. Acesso em: 21 nov. 2022.

121 UM OLHAR com lupa para o Brasil. **Grupo Mulheres do Brasil**. Disponível em: https://www.grupomulheresdobrasil.org.br/comites/. Acesso em: 21 nov. 2022.

122 ANDRADE, J. *Op. cit.*

123 SILVA, L. I. L. da. *Op. cit.*

124 PULA pra 50. **Grupo Mulheres do Brasil**. Disponível em: https://www.grupomulheresdobrasil.org.br/pulapra50/. Acesso em: 21 nov. 2022.

222 *Capítulo 5: O método ALTA*

125 ENCANTO. Direção: Charise Castro Smith, Byron Howard, Jared Bush. EUA: Walt Disney Animation Studios, 2021. Vídeo (103 min.). Disponível em: www.disneyplus.com. Acesos em: 17 jan. 2023.

126 *"Seja a mudança que você quer ver no mundo"*, comumente atribuída a Mahatma Gandhi.

Capítulo 6: Autoconhecimento

127 BECK, A. T. **There is more on the surface than meets the eye**. Palestra apresentada na The Academy of Psychoanalysis, Nova York, nov. 1963.

128 CALZADO, G. O que é e como aplicar a roda da vida? **Sociedade Latino Americana de Coaching**, 16 ago. 2019. Disponível em: https://www.slacoaching.com.br/o-que-e-e-como-aplicar-a-roda-da-vida. Acesso em: 17 jan. 2023.

129 RODA da vida. **OJ Coaching**. Disponível em: https://ojcoaching.com.br/roda-da-vida/. Acesso em: 9 dez. 2022.

130 MARX, K. **O Capital**. São Paulo: Boitempo, 2011. p. 372.

131 ENGELS, F. **O papel do trabalho na transformação do macaco em homem**. 2. ed. São Paulo: Global Editora, 1984. p. 9.

Capítulo 7: Liderança

132 BENNIS, W. G. Leadership is the capacity to translate vision into reality. **Journal of Property Management**, v. 73, n. 5, set./out. 2008, p. 13. Disponível em: link.gale.com/apps/doc/A186442346/AONE?u=anon~d3a2c2a5&sid=bookmark-AONE&xid=b5052e74. Acesso em: 15 dez. 2022.

133 MODINHA para Gabriela. Gal Costa. *In*: **MEU nome é Gal**. Rio de Janeiro: Universal Music Ltda., 1988. Faixa 8.

134 FILHOS no currículo: carreira e filhos podem caminhar juntos. **Movimento Mulheres 360**, 2021. Disponível em: https://movimentomulher360.com.br/wp-content/uploads/2020/08/ESTUDO_FILHOS_NO_HOME_OFFICE.pdf ?. Acesso em: 23 fev. 2023.

Capítulo 8: Talento

135 DAVIS, K. et al. The theory of multiple intelligences. **Project Zero** (Harvard Graduate School of Education), 2011. Disponível em: http://www.pz.harvard.edu/sites/default/files/Theory%20of%20MI.pdf. Acesso em: 11 dez. 2022.

Capítulo 9: Alianças

136 COVEY, S. **Os 7 hábitos das pessoas altamente eficazes**. Rio de Janeiro: Best Seller, 2022.

137 MILGRAM, S. The small-world problem. **Psichology Today**, Palo Alto, v. 1, n. 1, maio, 1967. p. 61-67. Disponível em: http://snap.stanford.edu/class/cs224w-readings/milgram67smallworld.pdf. Acesso em: 1º dez. 2022.

138 BOWLBY, J. **Uma base segura**: aplicações clínicas da teoria do apego. Porto Alegre: Artes Médicas, 1989.

139 BOWLBY, J. **Apego e perda**: separação - angústia e raiva. São Paulo: Martins Fontes, 2004.

140 FRANCO, J. *Op. cit.*

141 PRELÚDIO. Raul Seixas. In: **GITA**. Rio de Janeiro: Universal Music Ltda., 1974. Faixa 10.

Capítulo 10: Método ALTA na prática

142 KOTTER, J. **The heart of change**. Boston: Harvard Business School, 2002.

Capítulo 11: O mundo precisa de mães na liderança

143 PERSPECTIVAS de gênero e inclusão nas empresas: impactos financeiros e não financeiros. **ONU Mulheres**, 2021. Disponível em: http://www.onumulheres.org.br/wp-content/uploads/2021/09/Business-Case_Report-1-Portuguese.pdf. Acesso em: 19 nov. 2022.

144 *Ibidem.*

145 *Ibidem.*

146 *Ibidem.*

147 *Ibidem.*

Capítulo 12: Mães na liderança são revolucionárias

148 KOTTER, J. *Op. cit.*

Este livro foi impresso pela Bartira Gráfica
em papel pólen bold 70 g/m^2 em maio de 2023.